贰阅 | 阅 爱 · 阅 美 好

让阅读走心
让阅历丰盛

适度的防御

建立有滋养作用的人际关系

曾奇峰 著

北京联合出版公司
Beijing United Publishing Co.,Ltd.

图书在版编目（CIP）数据

适度的防御：建立有滋养作用的人际关系 / 曾奇峰著 . —北京：北京联合出版公司 , 2022.8（2025.7重印）
（精神分析入门65讲）
ISBN 978-7-5596-6268-2

Ⅰ. ①适 ⋯ Ⅱ. ①曾 ⋯ Ⅲ. ①人际关系学—通俗读物 Ⅳ. ① C912.11-49

中国版本图书馆 CIP 数据核字（2022）第 110732 号

适度的防御：建立有滋养作用的人际关系

作　　者：曾奇峰
出　品　人：赵红仕
选题策划：北京时代光华图书有限公司
责任编辑：孙志文
特约编辑：李艳玲
封面设计：新艺书文化
版式设计：冉　冉

北京联合出版公司出版
(北京市西城区德外大街83号楼9层　100088)
北京时代光华图书有限公司发行
文畅阁印刷有限公司印刷　新华书店经销
字数141千字　　880毫米 × 1230毫米　　1/32　　7.75 印张
2022 年 8 月第 1 版　　2025 年 7 月第 3 次印刷
ISBN 978-7-5596-6268-2
定价：68.00 元

版权所有，侵权必究
未经许可，不得以任何方式复制或抄袭本书部分或全部内容
本书若有质量问题，请与本公司图书销售中心联系调换。电话：（010）82894445

Contents | 目录

第1讲 　 防御机制总述 _ 001

自我保护的方式，就是防御机制 _ 001
不同层面的防御机制 _ 002
不同的人，使用不同的防御机制 _ 004
不同的场合，使用不同的防御机制 _ 007
人格发育不良，防御机制失灵 _ 010

第2讲 　 防御机制——情感隔离 _ 012

情感隔离，让自己不受痛苦的冲击 _ 012
情感隔离的诸多表现 _ 017

情感隔离的反用 _ 022

情感隔离的往往是抑郁、恐惧、焦虑 _ 024

第 3 讲　从父母潜意识的愿望谈情感隔离 _ 026

你和孩子之间有情感隔离吗 _ 026

学习和工作中为什么常常事与愿违 _ 032

任何竞争都是人格层面的竞争 _ 035

孩子有问题，父母先检查自己 _ 036

第 4 讲　防御机制——反向形成 _ 041

什么是反向形成 _ 041

反向形成的特点 _ 044

无处不在的反向形成 _ 045

第 5 讲　从社会现象谈反向形成 _ 052

反向形成可能带给我们阻碍 _ 052

反向形成让我们活出对立面 _ 060

第 6 讲　　防御机制——投射 _ 065

投射：你内心是怎样的，看到的世界就是怎样的 _ 065
自我中心，是投射的典型表现 _ 068
安全感与投射 _ 071
边界和投射 _ 072
警惕投射过度 _ 076

第 7 讲　　从人际现象谈投射 _ 080

以己度人始终是片面的 _ 080
攻击别人的背后是自我攻击 _ 084
打破投射：自己的归自己，别人的归别人 _ 086

第 8 讲　　防御机制——认同 _ 092

认同，每个个体都需要 _ 092
年龄的认同 _ 093
我究竟是谁 _ 095
我为谁活着 _ 098
我要成为什么样的人 _ 102

适度的防御：
建立有滋养作用的人际关系

第9讲　文化、权威、性别认同 _ 107

文化认同 _ 107

权威认同 _ 113

性别认同 _ 116

第10讲　防御机制——自我功能抑制 _ 121

你可能是被"自我功能抑制"耽误的 _ 121

精神运动性抑制 _ 122

第11讲　防御机制——退行与升华 _ 137

退行，不成熟的防御机制 _ 137

升华，成熟的防御机制 _ 147

第12讲　防御机制——外化、间隔、凝缩等 _ 154

外化，把自己的体验变成别人的体验 _ 154

抵消和仪式，事情好像没发生过一样 _ 155

逆转，攻击弄反了方向 _ 156

间隔，不能让自己太爽 _ 158

凝缩，是对抗自己的焦虑 _ 161

闲聊，不知为知之是为价值感也 _ 162

第13讲　从父母对孩子的爱和恨谈抵消和仪式 _ 164

对孩子的爱，能抵消对孩子的恨吗 _ 164

仅仅爱是不够的，更重要的是知道如何爱 _ 171

第14讲　防御机制——替换、合理化等 _ 176

替换：明明喜欢 A，却跟 B 亲近 _ 176

过度象征化：赋予不合理的意义 _ 177

幻想/白日梦：持续地想象某些场景 _ 178

搪塞：为了某个目的撒谎 _ 179

力比多压制：对性或武断感到害怕 _ 180

形态学压抑：总是睡觉 _ 182

向幻想认同：英雄崇拜 _ 182

向父母潜意识的和意识的希望认同：父母禁止你做什么，你就做什么 _ 183

向攻击者认同：成为自己害怕成为的人 _ 185

向受害者认同：类似于替代性创伤 _ 186

向内射物认同：近朱者赤，近墨者黑 _ 187

诱惑攻击者：用色情或阿谀奉承诱惑他人 _ 188

合理化：为不合理的行为找借口 _ 189

穷思竭虑：努力思考，避免行动 _ 190

逆恐行为：越恐惧的事，越主动去做 _ 190

理智化：持续地从事某种病理性行为 _ 191

第15讲　　防御机制——幽默、社会化与疏离等 _ 193

幽默：很可能是回避内心痛苦 _ 193

具体化：把原因归结到具体的事上 _ 194

小团体形成：身处人群中对抗本能冲动 _ 195

禁欲：否认和回避愉快 _ 195

同性客体选择：同性伙伴减轻你对同性恋的恐惧 _ 197

一种情感对抗另一种情感：关注一种而回避另一种 _ 198

社会化与疏离：合谋打破独处的困难 _ 199

从被动到主动：你掌控着你的谎言 _ 200

躯体化：过度关注自己的身体健康 _ 202

正常化：将不正常的现象视为正常的 _ 203

冲动化：用冲动来缓解不良情感 _ 203

假性独立：拒绝任何人的帮助 _ 204

病理性利他：非己所能地帮助他人 _ 204

第16讲 防御机制——投射性认同_206

投射性认同三步曲_206
投射性认同四大类型_208
投射性认同的应对_216

第17讲 治疗中的阻抗_220

关于阻抗_220
五种主要阻抗_224

防御机制总述

曾氏语录：
- 在精神分析师眼里，所谓的正常人就是神经症。
- 情感隔离属于成熟的防御机制。

自我保护的方式，就是防御机制

精神分析研究的核心内容之一是一个人怎样进行自我保护，即自我防御机制。

意思是说，在我有一段痛苦的经历或者情绪的时候，我可以调动自我功能，把它排斥在意识范围之外，即痛苦依然存在，只是我感觉不到它。

我们熟悉的一些成语或者惯用语，从精神分析的角度而言，就是在说防御机制。比如自欺欺人、阿 Q 精神胜利法等，如果抛开它们的语言感情色彩来看，实际上是说一个人在面临危险或者痛苦的时候，是怎样保护自己的内心的。如果没有这些防御机制的保护，人可能就会崩溃。

那些选择自杀的人，他们的防御机制已经不再起作用，所以他们选择了离开这个世界。凡是现在还活着的人，可以说他们使用了有效的保护自己的措施，也就是防御机制。

不同层面的防御机制

原始的防御机制

我们每一个人的"硬件"都差不多，这就是所谓的"先天"和"与生俱来"。

如果从防御机制的角度来说，我们天然地具有使用防御机制的硬件。但是在后天的成长过程中，我们会因为早年跟父母的关系学会了某些防御机制，或者学不会某些防御机制，或者在应该学习更高级防御机制的时候丧失了机会，仍然处在使用原始防御机制的状态中。

成人和婴儿的防御机制

我们要使用与年龄匹配的防御机制。人在每一个年龄阶段，都有一些跟这个年龄阶段匹配的防御机制。如果在成长的过程中，出现了一些创伤性事件，就可能使我们停留在那个阶段。比如，婴儿期如果有巨大创伤的话，我们使用的防御机制可能就停留在这个阶段的防御机制上。所以，我们看到很多成人还在使用婴儿般的防御机制，这样的人往往可以被诊断为患了某种疾病。

成人的防御机制和婴儿的防御机制非常不一样。成人的防御机制更加成熟，保护的力量更强。如果一个人在成年期还使用婴儿的防御机制，这个人可能是神经症病人，或者是人格障碍病人，甚至是精神分裂症病人。所以，防御机制是我们对一个人的人格，或者整个精神状态做出诊断的标准之一。

意识层面和潜意识层面的防御机制

防御机制可以是意识层面的，也可以是潜意识层面的。通俗地说，可以是有意使用的，也可以是无意或不自觉使用的。

比如，我对其他人有很多恐惧的话，我可能会直接拒绝别人让我参加聚会的邀请。我知道在跟他们的聚会中，可能会有一些冲突，这样我会对他们说"我今天有事""我不习惯热闹"，用这种方式来保护自己，避免使自己处在一种可能增加焦虑的状态中。

此外，我拒绝别人，也可能是因为我不知道自己在人群中会很焦虑，我已经养成在家里看书、上网、看电视的习惯，这样我会更舒服一点。我不知道自己是因为对人际关系的恐惧而拒绝别人，这就是潜意识层面的防御了。

只有意识层面的防御机制，我们能够有意识地培养或者发展，而潜意识层面的防御机制，首先需要把它意识化。

不同的人，使用不同的防御机制

乐观和悲观

为什么同样的创伤性事件，对不同的人影响不同，导致的后果也不一样？比如失恋，有的人失恋后会自杀，有的人失恋后，除了痛苦之外，他可能会这样想，"我有机会发展另一段恋情了"。这就是完全不同的防御机制在起作用。

一个人在面临重大的创伤性事件时，周围是否有可以利用的人，以及怎么利用，都跟他的防御机制有关系。

所谓天生的乐观、天生的悲观，也是因为受不同的防御机制的影响。

所谓的天生，我们把它设定为每个人来到这个世界上，都获得的相同的东西。不过，在后天的成长过程中，我们获得了不一样的自我保护的方式。乐观的人，在遇到一些创伤性事件的时候，能够使用更加成熟的防御机制，使用更加有利的、有效的防御机制。而悲观的人，使用的是不成熟、不利的防御机制。

乐观或者悲观，都是后天习得的。心理咨询和心理治疗，是通过语言的力量来制造改变，而不是通过改变某些遗传基因的片段来制造改变。在心理治疗中，或在跟精神分析有关的所有讲授中，我们要避免谈"天生"这个概念。

同一屋檐下的孩子，防御机制也不同

外人看一个家庭的时候，会觉得这个家庭的经济状况、教育环境等，对这个家庭中的孩子来说都差不多。但是作为生活在这个家庭中的体验者，他们的感觉是不一样的。比如，最大的孩子对这个家庭的感受，与最小的孩子对这个家庭的感受，差异可能会非常大；男孩在这个家庭中的感受，与女孩在这个家庭中的感受，也可能不一样。

对不同的孩子，父母往往会有不同的对待方式。孩子之间因为竞争或者认同方面的问题，可能也会采取不同的防御机制。

比如，每个人都希望自己被关注。作为多子女家庭中的一个孩子，需要表现得跟别人不一样才能被关注，这也会造成兄弟姐妹之间的巨大差异。

这些不同或差异，会给孩子防御机制的成熟度带来很大的影响。

不同的人，使用的防御机制等级不同

在精神分析师的眼里，这个世界上只有三种人。

第一种是有严重的精神病的人。包括精神科诊断的精神分裂症和严重的情感障碍、躁郁症等疾病患者。

第二种是有人格障碍的人。他们也使用跟精神分裂症等严重的精神病患者同样的防御机制。但是，跟精神病患者最大的不同是，人格障碍患者还有现实检验。也就是，他们知道什么是真的，什么是假的，什么是幻想，什么是现实，他们有判断的能力。

所以，如果是严重的精神病患者在发病期间杀了人，他们是不用承担刑事责任的，因为他们的现实检验丧失。而人格障碍患者如果杀了人，是需要负全部责任的。

第三种是有神经症的人。在精神分析师眼里，所谓的正常人就是神经症，表示他们已经发展到人格的最高级别。精神分析师认为，只要有神经症性的内心冲突，就叫神经症。比如关于男和女的冲突，生和死的冲突，对成功的渴望以及害怕成功后的惩罚的冲突，只要有这三类冲突，就可认为是神经症。这与精神科医生的诊断不同。精神科医生对神经症的诊断是一定要有神经症的一些症状，比如强迫、抑郁、焦虑等。神经症患者（或者正常人）使用的是情感隔离的防御机制。

一般来说，如果一个人使用情感隔离的防御机制，就表示他处于情感发育相当成熟的阶段，专业地说这属于神经症性的防御；如果一个人使用的主要防御机制是压抑、情感隔离、反向形成等防御机制，我们就会认为他处于人格发展的最高级别的阶段。

不同的场合，使用不同的防御机制

防御机制的适应性 VS 非适应性

通常，我们不说防御机制是健康的还是不健康的，而是将其分为原始的防御机制和成熟的防御机制。否认、投射性认同属于原始的防御机制，或者说不成熟的防御机制，情感隔离属于成熟的防御机制。

所谓防御机制成熟或不成熟，跟防御机制的适应性、非适应性有关。举个例子，如果一个医生在面对很多病人的时候，他使用隔离的防御机制使自己能够持续工作，这就是适应性的防御机制。

比如，我曾在医院工作过，见到过很多生老病死。再如，遇到灾难发生时，外科医生可能要面对很多血淋淋的场面。如果这时候他们不采取情感隔离的防御，就没办法工作下去，当时可能就崩溃了。

当然，一个外科医生在工作的时候使用情感隔离是适应性的，但是如果他把情感隔离的防御措施用在他跟家人的关系中就是非适应性的。这可能会让他的配偶或者孩子感到他是冷冰冰的，没有任何情感体验。

所以，我们要灵活地转换防御机制，在不同的场合使用不同的防御机制。如果我们在所有场合都使用同样的防御机制，即使其本身是神经症性的防御机制、成熟的防御机制、适应性的防御机制，在某些特定的场景中，也可能是不合适的。

比如，一位女会计师，她在工作中非常严谨，是一个完美主义者。这让她的职务不断迁升，她不断被赞美，但是如果她把这样的严谨和完美主义倾向用在夫妻生活中，可能就很糟糕，甚至有可能导致婚姻的破裂。

防御机制的一致性 VS 灵活性

生活中有很多这样的人,他们分不清楚职场上的防御和家庭关系中的防御,这就导致了很多冲突。当然,也有很多适应性很好的人,他们在工作时是一种样子,在家庭生活和亲朋好友之间,是另一种样子。

可以说,有时候情感隔离是工作的武器。在工作中,如果没有足够的情感隔离,可能会让我们无法正常工作。在战场上,对将军的要求是慈不掌兵。也就是说,如果对部下非常仁慈,会带不好队伍。当然,一个将军在生活中还可以是诗人,他可以写情感非常丰富的诗歌。这并不矛盾,或者说这种矛盾本身是健康的。

工作中的行为模式与生活中的行为模式看起来不一致,有些人觉得是人格分裂,心理不健康。其实,行为模式的一致性并不是判断一个人心理是否健康的标准。比如,偏执型人格障碍的病人,他们往往能够一辈子表现出在任何状况下的一致性,但是这显然缺乏灵活性。所以,我们对心理健康状况的判断标准是,一个人的整体人格是否在适应方面具有灵活性,也就是在不同的场合能否表现出不同的人格侧面。

适度的防御：
建立有滋养作用的人际关系

人格发育不良，防御机制失灵

我们在不同的场景里要用不同的防御机制，在扮演不同的角色时需要不同的防御机制。我们在单位作为领导者时需要的防御机制，与在家里做父亲、丈夫、母亲、妻子时使用的防御机制是不一样的。如果我们不能分辨这些角色的不同，就表示我们的人格发育得不好。

一个人的人格成长其实有很多方式，比如，看心理医生，做几百次的自我体验；在生活中接触很多人，受这些人的影响慢慢变得成熟起来；经历过很多创伤性事件，但是自己没有垮，变得越来越成熟，这就是所谓的"天将降大任于斯人也"，艰难的考验可以促进一个人的迅速成长。当然，如果一个人本身的人格发育不太好，灾难性的事件很可能会让他崩溃，因为他完全没有办法自我保护，他的防御机制会整体垮掉。

小结

- 在生活中有很多这样的人，他们分不清楚职场上的防御和家庭关系中的防御，这就导致了很多冲突。
- 我们对心理健康状况的判断标准是，一个人的整体人格是否在适应方面具有灵活性，也就是在不同的场合能否表现出不同的人格侧面。

- 要成大事者，需要心狠手辣；要成伟业者，需要柔情似水。

第 2 讲

防御机制——情感隔离

> **曾氏语录：**
> · 我们的所有问题，都是在人际关系中形成的。
> · 情感隔离实际上跟情感麻木是一回事，就是我对他不再有感觉。

情感隔离，让自己不受痛苦的冲击

情感隔离，意思就是我有一段痛苦的体验，这种体验正在我能够觉察的范围内发生，因为它过于痛苦，所以我需要采取一种办法，把它排斥到潜意识里去。

比如，在地震发生后，有些人的亲人去世了，但是他们还能去救别人，就说明他们有着高度的情感隔离。也就是说，他们让自己暂时体会不到亲人去世的悲痛，把悲痛压到潜意识里去，使自己整个人格的力量，不受这些痛苦情绪的冲击，能够保护自己，使自己处在一种能够救助别人的状态中。

有些新闻媒体在采访这些人的时候，稍不注意就会产生反作用。比如，问他们在亲人丧生之后的感受，这是非常错误的做法。要知道，这些人是把痛苦情感隔离了，才使自己处于一种能够救助他人的状态。如果对他们提这样的问题，就相当于让他们重新体会到那些被压抑或者被隔离的情感体验，使他们处在受巨大痛苦冲击的状态中，这样他们肯定就无法保护别人了。

主动使用情感隔离

心理治疗师面对来访者或者精神科医生面对病人的时候，常常通过诊断来隔离自己的情感。

我刚参加工作的时候，工资里有一部分是卫生津贴，就是所谓的"挨打费"。那时候，我一个月的工资是70多元，但有20多元属于"挨打费"。因为我们跟精神病人一起工作的时候，有可能受到精神病人的威胁，比如被打。

我曾经被同一个病人攻击过两次。这个病人是一个19岁的男孩，我想了很多办法，都无法消除他那些妄想和幻觉的症状。

有一次，我正在病房的大厅里跟一些病人说话，他从后面用一个瓷杯子砸了我的脑袋。我当时一阵眩晕，但想的是"我可能又要给他换药了"。

还有一次是在走廊里，我看见他爸爸拉着他散步，我知道他可能会攻击我，于是假装没看见他，准备从他侧面偷偷地溜过去，但是他没有放过我，他甩开他爸爸的手，直接冲到我面前，朝着我的脸部打了一拳。我感觉到剧痛，但心里想的是"我要给他加药了"。我对他的这种攻击没有相应的愤怒的情感体验。

这是典型的情感隔离。如果一个正常人这样攻击我，我可能会愤怒，然后想去报复他。但是，因为在我和这个男孩之间隔着一个严重的精神分裂症的诊断，所以我没有跟他计较，没有愤怒的情绪，而只有理性的思考，"我可能又要给他换药了""我要给他加药了"，只是想办法消除他的症状。

实际上，情感隔离是在保护自己。比如在一些地方旅游，我们可能要面对糟糕的厕所环境。我自己隔离得不太好，如果使用了那样的厕所，会很长时间都觉得不舒服。而有些情感隔离好一点的人，他们可能只是当时不舒服，一离开那个环境，很快就恢复到正常的状态，不会让自己受到太大的影响。

转移注意力，实现情感隔离

情感隔离，实际上跟情感麻木是一回事，就是我们对某人某事不再有感觉，我们已经麻木了。我相信，很多人都体验过麻木这种感觉，也曾经看到过，很多人处在很麻木的状态中。

当然，也有这种情况，就是通过分散注意力临时解决了问题，但是当我们再次回想起那些事情的时候，还是能感觉到同样的情感冲击力。这说明我们的情感隔离没有进入到潜意识层面。

看到一件糟糕的事情时，我如果觉得自己受的冲击太大，会通过转移自己的注意力，让自己不要对此有情感反应。刚开始处于这种状态的时候，我会不舒服，表示我的情感没有隔离；通过转移注意力，那些不舒服的情感离我远去，进入我的潜意识，情感就隔离了。

比如失恋，失恋是很痛苦的，于是有的人失恋后就全身心地投入到工作中，让自己变得非常忙碌，没有时间去想痛苦的感受。这样的人隔离了情感，失恋带来的巨大冲击力就会减弱，因为注意力分散之后，那种痛苦的感觉完全进入潜意识，感觉不到了。

地震有治疗情感隔离的作用

汶川地震是我国的巨大灾难，有很多同胞丧失了生命。但是从另一个角度来看，这次灾难性事件也起到了治疗作用。

因为各种各样的原因，人与人之间的交流存在着情感隔离，人们不太能体会到他人的感觉。而地震激活了人与人之间情感的连接，很多人为灾区人民捐款，还有很多志愿者去帮忙，有的志愿者甚至长年留在那里，帮助那些在灾难中失去亲人或者丧失健康躯体完整性的同胞。

从这个意义上来说，地震对情感隔离有治疗效果。当然，我们宁可不要这样的治疗，宁可通过别的方式，来治疗人与人之间的情感隔离。

| 延伸阅读 |

在关系中解决关系问题

大多数人的问题，往往是在早年有问题的关系中形成的，或者说是在早年与父母的问题关系中形成的。这些问题，需要在成年后的人际关系中解决。

这里说的人际关系主要有两种：一种是自然而然的人际关系，比如在生活和工作中接触到一些人；一种是刻意制造的人际关系，比如去找精神分析师做治疗。这两种人际关系没有优劣之分，都非常重要。

一些有心理问题的人，他们拒绝在这两种关系中改变，而是自己在家里通过阅读或者面壁等孤独的方式解决。可以肯定地说，这样的方式也许对一部分人有用，但对大多数人来说，都不是太好的方式。我们见到过太多的人，他们用这种自我封闭的方式让自己的问题变得越来越严重。

情感隔离的诸多表现

看似冷漠，却是情深

一个孩子的父母在灾难中去世了，有人跟他谈话的时候，发现他对父母去世完全没感觉，他还是像什么事情都没有发生一样跟其他孩子玩。从专业角度来看，他处在巨大的情感隔离中。因为他还是孩子，自我保护功能非常弱，直接面对父母去世这样的事情，会让他崩溃。所以，他自动采取"这件事情跟我没关系"这样的方式，若无其事地和其他孩子玩。

对心理学不了解的人会认为，这个孩子冷漠无情，完全像个冷血动物一样。但是如果从心理学的角度深入地理解这个孩子，就会知道，他之所以这样，恰好是因为这件事情对他的情感打击太大，他为了自我保护，让自己处在貌似这件事情没有发生的状态中。我们如果能这样想，就是真正跟这个孩子共情了。

另外，很多人在面对精神分析师的时候会说："我父亲（母亲）去世的时候，我一点悲伤的感觉都没有，我为此感到非常内疚。"我们给他们的解释是："因为你对这件事情太有感觉了，也就是这件事对你的冲击太大了，你没有办法面对这件事情，所以你把自己的情感隔离开来。这不表示你没有情感，而是你有巨大的情感，这种情感可能会毁灭你。"

从精神分析的角度来说，很多事情在意识层面和潜意识层面是相反的。我如果在与一个人的关系中有巨大的情感体验，可能反而会以冷漠的方式来表达。父母在与孩子的关系中应该有很多情感体验，但是他们害怕这种情感体验，所以他们可能用"学习"这样不带任何情感色彩的东西隔离起来。貌似无情，却有情。

放声大笑的悲痛

在一次小组讨论案例的过程中，案例报告人报告了一个非常悲伤的案例。小组十几个人中，几乎所有人都觉得非常痛苦，只有一位女治疗师捂着嘴巴在笑，而且还在偷看别人的糟糕状态。在这个案例进展到非常悲伤的时候，有好几个小组成员都哭了，这位女治疗师实在憋不住了，放声大笑起来。其他人都非常愤怒，要把她赶出去。

这个时候做案例督导的老师说："我们看到了反差非常大的情景，大部分人都非常悲伤，有一个人放声大笑。我对这件事情的解释是，也许这个案例的痛苦能够极大地刺激这位大笑的治疗师的内心感受。她有非常类似的痛苦经历，所以她需要巨大的情感隔离，让自己不要触碰痛苦的部分。"

督导老师这样说了之后，那些觉得愤怒的人变得不那么愤怒了，忍不住大笑的女治疗师也慢慢变得安静。

督导老师用的技术是面质。通过面质的方式，让有着巨大情感隔离，放声大笑的女治疗师，开始触及她痛苦的部分，让她跟自己高度隔离的情感建立连接，她笑的力量就被削弱了。

有的人在叙述他们的痛苦经历时，很可能像这位女治疗师一样，一边说一边微笑。如果他们的痛苦是需要面对的，他们也没有处在一种需要救护别人的状态，或者面对其他需要自我功能发挥出来才能产生作用的事情时，我们面质他们是可以的。也就是说，在一般情况下，面质痛苦是没问题的。

比如，我们可以对他们说："你刚才说的那些痛苦的事情，让我觉得很伤心，但是我看到你跟你的情感保持很远的距离，你是一边说一边笑着的。"通常情况下，做到这种程度就可以了。

经常梦到去世的人

有位来访者的妈妈去世了,他没有表现出悲伤,但之后经常做梦,会梦到他妈妈,会梦到同样的场景。这也是一种情感隔离,因为梦是最接近潜意识的东西。在觉醒的状况下,我们隔离与他人的情感,而在梦中却没办法隔离,所以就不断地跟他们接触,让他们从梦中复活。这是一种代偿,一种补偿。

梦提醒这位来访者,他妈妈已经去世。他不断地在梦中遇到同样的场景,实际上是保持跟妈妈的连接,用这种方式来哀伤。所以,梦也是我们哀伤的一种形式。如果我们在醒着的时候无法正常哀伤的话,梦就会帮助我们哀伤。

在意识层面,这位来访者其实是在做情感隔离,但在潜意识层面他还是会做一些情感连接。可以这样说,在意识层面,他感觉不到自己的悲伤,但是在潜意识层面,他是可以感觉到的。比如,在梦里我们能感受到悲伤,因而经常出现的情况是,在现实中去世的亲人会频繁地出现在我们梦中。梦告诉我们,这个亲人没有去世,所以我们没有必要那么悲伤。

仪式行为

仪式行为,实际上是人类系统使用的情感隔离方式。也就是说,用仪式性的、比较僵硬的、不能变化的行为,来隔离我们的感受。一个强迫症患者，会使用很多仪式行为。

比如，往前走三步再退两步，强迫性地洗手，以及家里的东西如凳子等都有固定的摆放位置。这些行为都不带感情色彩，所以是情感隔离。

比如亲人去世后，我们使用一整套哀伤的仪式，要按照程序一步步做完。通过这种仪式，我们会觉得跟自己的情感保持了距离，或者告慰了已经去世的亲人，这样我们就可以让自己处在一种不那么崩溃的状态中。

比如，有的人跟水龙头或地板的关系比和身边人的关系还要好。这很可能是因为他跟身边人的关系出了问题，便把注意力转移到水龙头或地板这些物品上。

有人跟有格子的地板关系好，是因为格子本身就没有情感，它是机械地重复，方方正正的，没有情感体验。如果我们在情感支配下画一些格子，它们就不会那么规则，因为我们的情感是波动的。但是我们如果用直尺这种机械的工具来辅助画一些格子，那么这些格子就不会有情感，而跟这些格子的关系好，本身就是在掩饰情感体验。

如果这个人跟别人的关系有改善，他有充分的体验，他跟水龙头或地板的关系就会松动，强迫症问题就会得到解决。

对他人愤怒，因难以体会他人之苦

奥运会上，刘翔跨栏比赛退赛。当时有很多人为他惋惜，并给他支持，但是也有少部分人对此非常愤怒。

如果从情感隔离的角度来说，当时对刘翔退赛表示愤怒的人、攻击刘翔的人，实际上使用了情感隔离的防御机制。隔离，就是你是你，跟我没关系，我甚至都不会认为，你具有一个人所应该有的情感，所以我对你这种状况感到愤怒。

也就是说，他们完全没办法体会刘翔在当时那种情况下的受挫、悲伤、痛苦，以及对自己的失望。如果他们知道，或者能够体察到刘翔身上的巨大悲痛，他们可能就不会那样攻击刘翔了。

所以从这个角度来说，这些愤怒的人隔离了对刘翔正常的情感。

情感隔离的反用

有一些场景可能会刺激我们，使我们隔离的情感浮现出来。

有一个相声段子，一群人在吃饭，一个人点了肥肠，另一个人对他说，你知道肥肠是干什么的吗？就是包裹大便的。实际上这是一件非常缺德的事情。

第 2 讲
防御机制——情感隔离

肥肠爱好者在吃肥肠的时候，仅仅考虑了肥肠的美味，而不会想到肥肠在端上桌子之前，它的功能是什么。这就是情感隔离，肥肠爱好者隔离了对肥肠包裹大便的厌恶。但是这时候旁边有人说，肥肠曾经是用来装大便的，就打破了他们的情感隔离，让他们没办法再继续吃肥肠了。

一个人为了控制自己的食欲，让自己不吃那些自己想吃的东西，就想了一个方法。比如他很爱吃基围虾，每次看到基围虾的时候，他就把基围虾翻过来看它的肚子。他觉得基围虾的肚子看起来像蟑螂，这样一想，他就不再想吃基围虾了。

很多他想吃的东西，他都会去做这样的联想。这是一种和情感隔离完全相反的状态，是有意刺激自己糟糕的情感体验。

我曾经看到过一张很有意思的图片：一幢房子，一楼有两个门面，一个门面是某某骨头汤餐馆，隔壁的门面是某某骨科医院。当我们看到骨头汤餐馆的时候，我们可能有食欲想去吃，但是看到旁边有骨科医院的时候，我们吃的欲望就减少了，这会刺激我们糟糕的情感体验，让我们有很多糟糕的联想。如果它们中间隔着很多个门面，我们去吃骨头汤可能就没问题。

我们讨论的防御机制，不是我们知道之后主动使用的，而是我们一直都在使用，但是我们一直不知道的。所以，从专业角度来说，我们需要把一个人潜意识使用的防御机制意识化，让他知道自己在干什么,从而为他提供一个使用更加成熟的防御机制的机会。

情感隔离的往往是抑郁、恐惧、焦虑

所有的情感都分为两部分:一部分是一种体验或感受,这种感受多半是不舒服的,另一部分是对这种感受的看法。情感必须包含这两个部分,否则就不是完整的。

情感隔离,隔离的往往就是抑郁的情感、恐惧的情感、焦虑的情感,总的来说是痛苦的情感体验。

抑郁的感受部分是糟糕的事情,糟糕的、不舒服的体验,认知的部分是糟糕的事情已经发生。有些人的认知部分是缺失的,他们只知道自己状态不好,但是没有认识到糟糕的事情已经发生;而有些人的感受体验是缺失的,他们只有认知,即糟糕的事情已经发生,这就是典型的情感隔离状态。

心理治疗的目标,就是让这些人对情感有更整体的感觉,既知道自己处在糟糕的感受中,又知道糟糕的事情已经发生。这样,他们对自己的抑郁就会有比较均衡的理解。

恐惧的情感体验,比如我看到一条大狼狗向我冲来,我有了糟糕的体验,相应的认知就是糟糕的事情正在发生,它正在扑向我。

焦虑，也是一种难受的情感体验，认知部分就是糟糕的事情即将发生。所以我们一般会在焦虑前加一个词"预期"，称为"预期焦虑"。

需要区别的是，现在正在面临死亡威胁，这种情感体验为"恐惧"；几十年之后可能会死亡，这种情感体验为"死亡焦虑"，两者在时间上是不一样的。

小结

- 所有问题，都是在人际关系中形成的，尤其是在早年与父母的关系中形成的。如果要解决的话，也必须在人际关系中解决。
- 针对有意识的防御，我们才能有意识地培养或者发展。而潜意识的防御，首先要把它意识化。
- 情感隔离，隔离的往往是抑郁、恐惧、焦虑，也就是痛苦的情感体验。

第 3 讲

从父母潜意识的愿望谈情感隔离

曾氏语录：
- 这个世界上最重要的学习是人与人之间的学习。
- 任何竞争到最后都是人格层面的竞争。

你和孩子之间有情感隔离吗

只谈学习不谈爱恨情仇是愚蠢的

也许，最大的情感隔离发生在父母跟孩子之间。很多父母跟孩子之间的情感非常隔离，他们没办法跟孩子分享爱恨情仇，经常只跟孩子谈学习。

在一些家庭里，孩子未成年的时候，父母把学习看作是孩子最重要的，甚至是唯一的事情。我们不妨体会一下，父母在跟孩子讨论学习的时候，他们作为父亲或者母亲角色的情感体验被掩盖了，扮演的是老师甚至是监工的角色，而孩子也感受不到父母对自己的爱。严重的情况是，父母通过学习来虐待孩子，比如让孩子在很长时间内只做一件事情——学习，这也是很多孩子厌学的原因之一。

孩子学习成绩不好，原因多半是他们跟学习之间没有情感连接。因为他们是被逼着学习的，所以他们很难表现出对学习的热爱，或者跟学习之间的感情，他们往往认为自己在替别人做一件对别人的未来非常重要的事情。

从人性的角度来看，如果我们做事情的时候觉得是在替别人做，动力就会非常小，甚至为负数。为什么动力还能为负数？意思就是，这件事情也许本来是我愿意做的，现在我却变得不喜欢做，甚至变得仇恨做这件事情。

所以，父母只跟孩子谈学习，逼着孩子学习，实际上是做了一件非常愚蠢的事情，把孩子天然的学习动力，变成了被强迫。

学习隔离了情感，就成了虐待

学习本身是一件充满乐趣的事情，同时学习也是一件有挑战的事情。如果父母能够与孩子的情感连接在一起，接受这样的挑战，孩子在做这件事情的时候就能感觉到充沛的情感支持。但是如果学习隔离了父母跟孩子之间的情感交流，甚至成了父母虐待孩子的工具，孩子与学习的关系就会受到极大的破坏。

举个例子，孩子做数学题时，很多父母是这样做的——让自己不要发出任何声音，也不看电视，在家里走路都是走的"猫步"。而一说到跟学习有关的事情时，脸上的表情就变得严肃，对孩子进行威胁，比如"你如果学习成绩不好的话，你以后可能就会在街上扫地，吃得比别人差，住得也比别人差，好多地方都不如别人"。

还有，孩子在学习上犯了错误时，父母可能会夸大，比如仅仅是某一次粗心犯的错误，被父母夸大成："你从来都是如此粗心，你如此粗心，考试的时候怎么办？"这已经有催眠或者暗示的味道，使孩子以后在不会出现粗心犯错误的情况下，一想到父母对自己的暗示，就有可能做出一些粗心的事情来，比如让自己的考试成绩变得不理想。

功利教育，伤害孩子学习的主动性

围绕孩子的学习成绩，父母会制造很多奖励和惩罚的措施。这种功利教育的本质是情感隔离。

我们在训练小动物的时候会采取惩罚和奖励的措施，这表示我们跟小动物之间没有情感连接。但是，对高等生物——人来说，如果父母仅仅采取行为主义的奖励和惩罚措施的话，实际上就是情感隔离，意思是"你不过跟小动物一样"。

这种做法在父母跟孩子的关系中注入了功利的因素。也就是说，我爱你是有条件的，你必须成绩好，我才爱你，否则，我不爱你。这是会极大伤害情感品质的做法。这跟功利主义或者势利眼是差不多的。实际上，有太多的父母对孩子都非常势力。

父母如此功利地对待孩子会影响孩子的人际交往，因为他看人也会非常功利或者势力。情况严重的话，孩子以后会报复父母。比如父母慢慢衰老，不再像以前那么强壮和健康的时候，孩子就会认为爸爸妈妈没用了，"就像我当年考试的时候，考得不好被认为没用一样"。这可以被认为是一种潜意识的报复，不是孩子有意这样做的。

难以取悦的父母，总对自己不满意的孩子

孩子做一道数学题目的时候，面临的是一个挑战，因为数学题本身可能就有足够的难度。

此时，父母错误的做法是："你如果做不出来的话，我会认为你遇到'强敌'了，你就会知道自己多差。"甚至还会说：

"你现在知道山外有山,天外有天了吧,你知道自己能力不怎么样了,没必要骄傲了吧。"很多父母都会这样"趁火打劫"。

还有,孩子取得了一定的成绩,父母脑袋里往往响着一个声音"骄傲使人落后,谦虚使人进步"。于是,父母可能会主动放弃跟孩子一起享受快乐的机会。他们会在这个时候保持冷静,往孩子身上泼冷水,孩子就会感到"让我高兴的事情不会让父母高兴"。孩子心里就会有这样一种潜意识:我永远都不可能满足父母对我的要求。于是,孩子就会慢慢地变成总是对自己不满意的人。

很多成年人,他们已经远离父母,甚至自己已为父母,却还在"拼命"学习或者工作,永远不满足,为什么?因为他们从来没有满足过他们的父母。这些人可能一辈子都处在无穷无尽的忙碌中,而不知道自己在想办法满足谁。

无论怎样努力,父母还是不满意,这是非常痛苦的事情,生命可能也因此受到破坏。很多人就这样白白地活了一辈子,永远不能让别人满意,也永远不能让自己满意。这种感觉和当初父母的情感隔离有关。

作为父母,如果永远都不告诉孩子"我满足了",孩子就永远不知道父母什么时候能被满足。父母给孩子加更多的砝码,让孩子像围着磨盘转的驴子一样永无止境地学习、工作,然而驴子不知道它是不是可以满足主人。

很多父母没有把自己的感受表达出来，甚至是没有感受的，因为他们情感隔离得太厉害，已经到了潜意识水平。既然他们没有感觉到，就更没有办法表达。

| 延伸阅读 |

不划算的假期

在假期里，比如寒暑假、周末等，孩子必须要做的一件事情就是做作业，而且经常都需要完成一大堆作业。

我从小学一年级的假期开始，一直到高中毕业，每一个假期，都有做不完的作业，非常痛苦。我就想，老师需要多大的情感隔离，才会这样破坏我在寒暑假和其他假期中的乐趣。如果他们能稍微体会，我在寒暑假应该好好玩的时候还牵挂作业没做完，还经常熬夜的话，他们可能就不会做这样有"施虐"色彩的事情。

我真的非常希望，我们的孩子以后能够好好过假期，既然是放假就不应该有太多作业，有这么多作业要做何必放假？

现在，假期作业少了。但我们发现，有不少孩子，尤其是高年级孩子，假期仍丝毫不敢松懈。如果整个社会竞争的模式不改的话，这个问题也没办法解决。这不是哪所学校、哪些老师的问题，而是竞争模式的问题。我们的竞争模式跟我们太情感隔离了。

学习和工作中为什么常常事与愿违

过分强调学习，潜意识是不想让孩子学好

父母的情感隔离会破坏孩子的学习。父母意识层面越是强调学习的重要性，或者说在孩子学习上投入的关注度越多，表情越严肃，越把学习当回事，就越有可能表示父母想破坏孩子的学习，让孩子学习成绩不好。这就是所谓的"事与愿违"。

有的父母非常重视孩子的学习，但是往往孩子的成绩就是一塌糊涂。比如，父母非常注意孩子的数学，但是恰好孩子的数学成绩不好。这可能是因为父母的潜意识里传递的信息是这样的：你不要学好。

而父母之所以过度地强调学习，可能是因为要掩饰"我希望你学习成绩不好，因为你学习成绩好了，就会抛弃我"的真实想法。生活中事与愿违的事情实在太多，而精神分析这门学问，会告诉我们为什么会事与愿违。

在跟孩子谈论学习的时候，为什么有的父母会如此情感隔离？

一般来说，作为父母，总是通过强调学习来情感隔离，原

因主要有两点：

第一，不希望孩子学得太好从而离开父母。如果父母的情感不隔离，让孩子在学习的时候有很多情感支持，孩子就可能学得很好，孩子就会远走高飞。这会让父母体会到被抛弃的感觉。

第二，父母因为自己的人格发展得不太好，自我边界不清晰，可能在潜意识层面已经跟孩子有融合性的关系，也就是"你就是我，我就是你"。父母为了防御跟孩子的过度亲密，而故意在自己和孩子之间摆上学习这件事情，让自己站在权威的位置，不跟孩子有平等的连接，以便保护自己，不吞噬孩子，或者被孩子吞噬。

父母如果本身就和学习的关系不够好，比如小时候压制了自己玩的乐趣，憋着劲学习，那么他们可能成绩的确很好，但是他们和学习的关系却不好，他们内心是仇恨学习的。在以后跟孩子的关系中，他们仇恨学习的部分就会投射给自己的孩子，而孩子会用一生展示父母对学习的仇恨。

我们看到的现象往往是，父母学习很好，也很有成就，但是孩子越来越堕落，越来越无奈。可以说，孩子跟学习的关系不好，很有可能是因为父母跟学习的关系从来就没好过。孩子成绩不好，展现的可能是父母对学习的仇视。

终于找到职业倦怠的原因了

在孩子的学习或职业选择上，有些父母想为孩子做主，帮助孩子决定他以后学什么或从事什么工作。我遇到过一些极端的例子，比如有好几个人告诉我，他们高考的志愿是爸爸妈妈填的，在拿到通知书之前，他们都不知道填报的是什么专业。

这是高度的情感隔离，因为父母根本就不愿意了解，孩子学什么专业会快乐，以后从事什么工作会快乐。他们隔离了孩子的情感体验，而只是想"我觉得孩子以后学什么比较好"。

这也是为什么很多人容易产生职业倦怠感。职业不是他们选择的，他们用对自己职业的仇恨来保持自己人格的完整性。也就是说，我如果从事一份别人给我选择的职业，我就不是我了，所以我会产生职业倦怠，用这种感觉来保持跟这份职业的距离。

从关系的角度来说，孩子是用这种方式保持与父母的距离，因为不跟他们保持距离的话，孩子就会被吞噬，孩子就不是孩子了。

如果一个人十八九岁的时候，还需要依赖父母为自己的专业做出选择，表示他选择的能力被削弱了。十八九岁的时候，我们是可以恋爱的；二十几岁的时候，法律规定就可以结婚。我们既然都可以选择恋爱的对象，为什么不可以选择终身从事的职业？不能自己做选择，就说明我们的人格在被削弱。

任何竞争都是人格层面的竞争

人格层面的学习，是最重要的学习

有人问：有没有一种方式，既可以让孩子在假期享受玩的乐趣，又可以学到一些东西，把学习的乐趣跟孩子本身的成长结合起来，同时又没有情感隔离？

这可以轻松做到，比如在假期里跟更多的人打交道，便可以学到很多东西。

我非常佩服的一位在心理治疗界比较有成就的治疗师，如果让我女儿见一见这样的人，我相信这对于她的学习和成长而言是有事半功倍作用的。

这个世界上最重要的学习是人与人之间的学习，尤其是人格层面的学习。学习别人怎样为人处世、待人接物，学习别人怎样对待情感或者事业，学习别人的气魄，学习别人的宽容大度，等等。

没有人格垫底，知识无法生根

说到竞争，我们往往认为数理化这些知识或者技能越强，就越能在竞争中取得优势。这是错误的想法，因为任何竞争到最后都是人格层面的竞争。

如果没有完善的人格、健康的人格，首先我们不太容易掌握最高级别的技能，其次即使掌握了最高级别的技能，如果没有健康的人格做支撑，我们最后还是会失败。

人格与技艺

竞争是自我成长的重要方式之一，在竞争中我们可以极大地展现或者发挥自己的人格潜力，展示我们的技艺。比如在心理咨询中我们会发现，越是人格健康的人，越有能力使自己的技艺发挥到极致，而人格有问题的人，很难学会高级别的技艺，而且很难在强大的压力之下完美地展现自己。

更重要的也许是，如果人格有问题，我们就无法享受所取得的成就。

孩子有问题，父母先检查自己

是情感隔离还是更强大的状态

如果从纯粹的防御角度来说，一个人使用情感隔离的时候，通常已经到了心理发育的较高阶段，相对比较成熟。但是一个人格更加健康的人，会允许自己接触自己的很多情感，也就是说他接触自己的情感面会比较多。

第3讲 从父母潜意识的愿望谈情感隔离

比如，如果父母的人格已经发展到神经症水平，那么他们在一些方面就会跟孩子有很好的情感交流，在另外一些方面跟孩子的情感交流又会不足。所以我们的任务就是，让一个人对自己的情感体验有更全面的觉察。

人的一生是情感的一生，我们的情感是多面的，有些情感甚至是矛盾的。比如我们对孩子又爱又恨，爱是因为他们的确可爱，跟我们有血缘关系，恨是因为孩子的长大意味着对我们的抛弃，孩子不再认为父母是世界上最重要的人。孩子会谈恋爱，会认为另一个人更加重要；孩子会远走高飞；等等。这些都会让一些父母觉得孩子的成长就是父母的敌人。当然，健康的人，应该能够承受这些跟孩子的分离所导致的焦虑。

有人说，这个世界上所有的爱都是为了在一起，比如男女之爱，这样的爱都是为了能够长相厮守。但是父母对孩子的爱，应该是为了分离。简单地说，父母对孩子的爱的品质越高，孩子的人格越健康，孩子就越能远走高飞。很多人认为，这导致的直接结果是父母被抛弃。

如果父母不把孩子远走高飞理解为一种抛弃，而是有利于孩子更好地发展，就表示父母已经处在非常高级别的人格发展层次，是很健康的。这不是情感隔离，这是对孩子成长的接纳，是更有能力承受被孩子抛弃的焦虑，是更加强大的一种状态。

希望孩子理解自己,不如多学相处之道

作为父母,我们更需要理解情感隔离,而不是期待孩子来理解我们,毕竟我们是成人,我们需要给孩子制造一个有情感的环境,而不是无情的环境。在我们跟孩子的互动过程中,在我们跟孩子情感交流的过程中,我们很好地表达与释放,对发展孩子的完整人格大有益处。

如果知道父母对自己情感隔离,孩子能否在父母隔离的情况下发展好自己?这真的非常困难,毕竟父母是孩子成长中最重要的客体。孩子不是一生下来就懂精神分析的,他们不知道父母是在隔离情感,他只知道在跟父母打交道的时候,他们在很多事情上对自己很冷漠。

从现实层面来讲,孩子很难做到完全理解父母的情感隔离。所以,我们的着眼点应该放在,父母要学一些关于人与人之间交流的知识,关于育儿的知识。

在学习上,父母可能比孩子更焦虑,他们需要控制孩子。很多人对我说,他们让父母内心平静的办法,就是坐在那里装模作样地看书、学习,然后父母就安静了。显然,他们与父母的关系倒过来了。

父母与孩子之间应该是什么样的关系呢?应该是孩子有很多关于学习的焦虑,而父母从容不迫,这样孩子在学习的时候

就能有一个安静的后方，孩子就能在前面冲锋陷阵。不过，情况经常是，孩子只用了三分之一的精力来对付学习，用了三分之二的精力来对付父母的情绪。可以想见，这样的孩子会怎样应对学习的问题。

孩子有问题，父母先检查自己

越是心理不健康的父母，越害怕孩子成长。孩子出现学习方面的问题，或者人际交流方面的问题，或者其他任何问题的时候，父母都需要保持警觉，并告诉自己：不是孩子的问题，而是我们的问题。

父母会在潜意识里有很多冲突的信息。比如，从意识层面来说——我希望你健康，希望你能够独立，希望你所有的事情都能够自己处理好。但是潜意识层面完全相反——你如果学习好了，我就没法说你了；你如果所有的事情都处理好了，我就插不上手了；等等。

这样，父母的意识和潜意识传递的是矛盾的信息，于是孩子就不清楚父母是希望自己有独立的人格，还是希望自己依赖他们。

孩子的人格健全与否，关键在于孩子与父母之间的关系。

精神分析为人类做出的最伟大的贡献就是，让我们知道一个人的人格是怎样在他早年与父母的关系中形成的,这种人格又怎样构成他的命运,以及在多大程度上、在多长时间内,决定这个人的幸福和成就。

小结

- 这个世界上最重要的学习是人与人之间的学习,尤其是人格层面的学习。
- 我们在观察或者思考某一个问题的时候一般从两个方面入手:第一,这个问题是什么,这是平面的;第二,回答为什么,这是立体的。
- 孩子出现学习方面的问题,或者人际交流方面的问题,或者其他任何问题的时候,父母都需要保持警觉,并告诉自己:不是孩子的问题,而是自己的问题。

防御机制——反向形成

曾氏语录：
- 如果谁对我过度客气的话，我就会想这个人可能要在我背后搞鬼。
- 一个人追求的身外之物品质越高，往往表示他身内之物品质越低。
- 我们反感一样东西，实际是没有办法言说的喜欢。反感和喜欢的本质是一样的，都能够刺激一个人足够丰富的感觉。

什么是反向形成

反向形成，意思就是一个人的情感体验和相应的行为是相反的。

比如，我明明喜欢一个人，但我害怕自己知道"我喜欢他"，于是就采取攻击他的方式，这种现象在青少年中尤其明显。一个处在青春期的男孩，明明喜欢一个女孩，但是他表现出来的不是对这个女孩说"我爱你"，而是通过攻击这个女孩的方式，来表达自己内心对这个女孩爱的情感。

心理动力学对这种行为的解释是：男孩心里的确喜欢这个女孩，但是他不敢承认自己喜欢她，所以他就用攻击——这种看似是仇恨的方式，表达与他内心的体验完全相反的情感体验。

反向形成的原因

反向形成是因为一个人没办法感受到自己的情感，或者即使感受到了自己的情感，却没办法正确表达，表达的是完全相反的状态。

所以，针对使用反向形成的人，治疗师会不断地面质或者解释被他掩饰的情感，或者说被他扭转的原来的那些情感。

反向形成的意识层面和潜意识层面

反向形成可以分成意识层面的和潜意识层面的。

有意地口是心非，然后获得一些现实利益，欺骗一下别人，这种情况不在我们的讨论之列。我们关注的主要是，自己都不知道的口是心非。也就是说，我们这里主要讨论的是潜意识层面的反向形成，即一个人内心有一种真实的感受，但不敢面对它或者说不愿意面对它，他表现出来的是跟内心的感受完全相反的。

比如，一个男人有意识地对妻子好，就不属于潜意识层面的反向形成。而一个男人不自觉地这样做，说明潜意识支配他这样做。如果一个男人回家后会不自觉地对妻子好，有可能是他在外面做了对不起妻子的事情，或者他有事相求。

西格蒙德·弗洛伊德（Sigmund Freud）说过，越是被禁忌的东西，越可能是被需要的。我们有意地压制某些东西，有可能就是反向形成。而我们有意地提倡某些东西，可能恰好证明人性中有相反的东西存在。比如，我们提倡大公无私，而人内心却有很多私欲。

什么样的社会文化大环境中，使用反向形成防御机制的"伪君子"会比较少？

一个社会的价值观越多元化，越能够允许不同的声音或者行为存在（当然要以遵守法律为前提），那么我们就越不需要装模作样，不需要过多地掩饰内心的想法。因为我们对自己的观点或者感情的不接纳有相当一部分是受社会环境影响的。

在不同的文化中，能被接纳的情感表达或者行为准则是不一样的。而一个更有利于个体生存的社会，它的接纳度应该是更高的。

反向形成的特点

夸张的表达

一个人表达的东西,如果超过了正常的尺度,一定是在掩饰跟他所表达的内容相反的东西。这几乎是一个定律。

不管是从语言层面还是从行为层面,有些人会夸张地表达他们对父母的爱、关照等,实际上是他们内心有很多针对父母的愤怒。他们是用表面对父母的好,来掩盖内心对父母的仇恨。

从道德角度来说,这是一种非常虚伪的状态,但是因为他们不是有意这样做的,所以不能用道德标准来评判。

有的人没有办法承受对父母既有爱又有恨的矛盾情感,就会把负性的、坏的情感体验,经过改装之后加到好的情感体验中,这样我们能够感受到的就是他对父母过度的爱。

强调某件事

有些时候,一个人越强调或者过度宣扬的,就越有可能是他内心所缺乏的。

比如,有的人用奢侈的消费来证明自己的地位,事实上是为了掩盖他内心的自卑。对身外之物追求的品质越高,往往表示他身内之物的品质越低。也就是说,他是用奢侈品来进行补偿。如果一个男人在外面做了对不起妻子的事情，他回家之后往往会不自觉地对妻子好。这样做也是对妻子进行补偿。

无处不在的反向形成

洁癖，很可能是喜欢脏东西

洁癖，表面上看来是过分爱清洁和排斥脏东西，但是潜意识层面是喜欢脏东西。也许有人会觉得不可思议，一个人怎么可能喜欢脏东西？

要回答这个问题，有一个诀窍：回归对婴儿的观察和理解。如果一个婴儿大小便了，父母不去管他，他可能会玩他的大小便，甚至尝尝自己的大小便。这说明了人性更深层的内容——我们与脏东西是可以和平共处的。

但是如果碰到有强迫倾向的父母，他们就可能会过于严厉地制止孩子跟大小便接触。当孩子认同父母这样的状态后，就会显得过度地爱清洁和排斥脏东西。这是典型的反向形成。

过度正向，隐藏的是敌意

工作中反向形成的例子也有很多。

比如，一个职员对老板过度尊敬，可能是反向形成。他内心可能对老板非常反感，他害怕自己的反感冒出来，给自己造成一些现实的麻烦，所以他用过度尊敬的方式对待老板。

我也是一个小机构的老板，我几乎有一种本能的感受：如果谁过度地对我客气，我会想这个人可能会在我背后搞鬼，或者他用过度客气隐藏对我的敌意。

工作中还有一种典型的反向形成：一个人在工作中过度负责任，很可能是为了掩盖自己不负责任的形象。这样的人可能长时间不犯错误，但是一旦犯错误，就可能是很大的错误。这个很大的错误实际上是他潜意识里不负责任的一次性表达，即他把很多小的不负责任打成包，然后一次输出，结果导致巨大的责任上的灾难。

父母的责骂，也许是无法言说的爱

父母对孩子的责骂、愤怒或者殴打，实际上是在掩饰对孩子的爱。

父母担心这种爱会导致自己和孩子之间的边界丧失，所以用愤怒来保持跟孩子的距离。

如果把这种现象浓缩成一句话就是，很多相反的东西，它们实际上都是同一回事，也可以说是异体同质，即表现不一样，本质是相同的。

过度表达的爱，实际上是在掩饰仇恨。愤怒，实际上是在掩饰自己与他人的亲密，或者说，愤怒是一种没办法言说的爱。

自大背后是自卑，自卑背后是自大

一个人表现得非常自大，实际上可能是对他内心非常自卑的掩饰。同样，一个人表现得非常自卑，实际上可能是在掩饰内心的自大。如果一个人内心不是如此自大，他就不需要如此多的自卑来掩饰。反过来也一样，如果一个人内心不是非常自卑，他也不需要装模作样地表现得如此自大。

我曾经说过这样一句话：也许你配不上或者说没资格如此自卑。很多人听到这句话后，自卑的感觉会稍微少一点，甚至会马上做一个让自己觉得挺立起来的动作。

这句话之所以有这种功效，原因就在于：我说"你配不上"这几个字的时候，是针对"自卑"后面的"自大"说的，自大听到后就会缩小一点，用来掩饰自大背后的自卑也就相应会缩小一点。

厌恶钱的人，骨子里可能是最爱钱的

我们跟钱的关系，是这个世界上最重要的关系之一。

这其中有很多与反向形成有关的防御机制。比如那些一辈

子都忙忙碌碌却没有钱的人，口口声声说"我不爱钱，钱太脏，钱太多对我来说没有太大用途"，实际上这是反向形成。他们内心其实有强烈的对金钱或者物质的渴望，但是他们的人格不足以让他们有效率地工作，并且赚到足够满足他们物质和精神需要的金钱。

对钱特别厌恶的那些人，他们骨子里可能是最爱钱的。反过来也一样，一个人如果把全部的情感和经历都投入到赚钱上，有可能他需要的不是钱，而是爱。他是用一些现实的、可衡量的东西，去换一些他真正需要的东西。这是一种补偿，而这种补偿永远都不可能真正有效，因为他一直都不会明白自己真正想要的是什么。

过度独立，其实是依赖

一个人格不太独立的人，会对自己的边界被侵犯过度敏感。你的简单建议或者说没有侵犯他个人边界的行为，可能就会被认为冒犯了他的边界。

比如青春期的孩子，可能会处在一种假性独立的状态。如果我们给他们什么建议的话，他们会坚决拒绝。这是因为他们的人格还没有足够独立，稍微被侵犯就可能让他们人格崩溃。这时他们就表现出过度独立的样子，这实际上是反向形成。

这时候，他们的人格还处在比较脆弱的状态，动不动就会说"你又侵犯了我的边界，这件事情我要自己做主"。有一句话叫作"我的青春我做主，我的人生我做主"，实际上越这样强调的人，其内心对他人会有更多的依赖。

真正独立健康的人格是什么样的呢？大概是那种无可无不可的状态。也就是说：你这样也可以，那样也可以，都不足以攻击到我的独立性和我的边界，因为我的人格足够强大。

不过，这是非常理想化的一种状态。我不知道这个世界上有多少人能够达到这种状态。但是，不管怎么样，这是我们努力的方向。

表面抨击性，实则向往性

反向形成在两性关系中，有很多有意思的现象。

有些人内心有很多与性相关的想法，但是他们把自己包装成对性完全不感兴趣，不允许谈论性，甚至听到别人谈论，他们会强烈地谴责，一副道貌岸然的样子。

有一次我读一本书，那本书的内容非常棒，但是作者在后记中说了一件完全跟这本书的内容不相干的事情。他用非常严厉和激烈的口气反对与攻击婚外恋，认为这是这个社会最堕落的事情，这种事情怎么能够做得出来，怎么可以如此对自己的丈夫或者妻子不忠。

看得出来,通过对婚外恋现象的抨击,他在表达非常强烈的情绪。但是,以一个心理治疗师的眼光,我同样看到了他对与妻子之外的女人发生性关系的强烈愿望。

或者这样说:他对性掩饰得越强烈,表示他的内心对性的需要越高。这是典型的反向形成。我们越是反对的东西,越有可能是我们需要的。

我如此反感,只因我如此热爱

有个朋友特别不喜欢别人戴黄金首饰,自己身上也没有任何黄金做的东西。但是她经常去银行看金条。这种对黄金的喜好,不仅是喜欢,而且喜欢的程度还比较重。

我们反感一样东西,实际上是没有办法言说的喜欢。

我们反感,往往表示有感觉。喜欢和反感都是一种有感觉。如果从数学的绝对值来说,有多反感就会有多喜欢,两者是完全相同的。

每个人都有这样的经历,我们曾经非常反感的东西,也许后来变得非常喜欢。这证明,反感和喜欢的本质是一样的,都能够刺激我们足够丰富的感觉。如果你对某人、某事、某物没有感觉,那自然也就不会反感。

小结

- 反向形成的意思就是：我的情感体验和相应的行为是相反的。
- 一个人表达的东西，如果超过了正常的尺度，一定是在掩饰跟他所表达的内容相反的东西。
- 所有的防御机制都可以理解成一种反向形成。
- 我们有意地压制某些东西，有可能就是反向形成。而我们有意地提倡某些东西，可能恰好证明人性中有相反的东西存在。
- 一个人格不太独立的人，会对自己的边界被侵犯过度敏感。

第5讲

从社会现象谈反向形成

> **曾氏语录:**
> - 孩子的快乐应该是他自己的事情,如果变成父母的要求,会使快乐变得非常糟糕。
> - 大规模出现的反向形成是把很多问题道德化。

反向形成可能带给我们阻碍

孩子的快乐变得糟糕

在孩子的教育上,经常有人说"我要培养孩子的独立人格",但是独立人格从来都不是培养出来的,是自然生长的。

一般情况下,只要我们不干预孩子的成长,在"老天"的安排之下,或者在自然规律的运作之下,孩子的人格会自然而然地变得很独立。但是如果我们人为地去做一些貌似可以让孩子更加有独立人格的事情的话，可能会干扰自然进程，让孩子越来越不独立。

很多父母为了显得对孩子没有太多的控制，他们会说"我对孩子只有一个要求，就是他要快乐"。我们仔细体会一下这句话，孩子的快乐应该是他自己的事，现在却变成了父母的要求。

如果我们被要求快乐，会使快乐变得非常糟糕。比如，一个男人结婚当天晚上入洞房，他父母说，"我们对你没有任何要求，只要你今天晚上快乐就可以"。不难想象，这个男人的快乐会打多少折扣。当然，这是非常极端的例子。同样，在孩子成长和学习的过程中，快乐自然会伴随，不能变成父母对孩子的要求。凡是这样要求的人，都是在败兴，都是反向形成。

要求孩子快乐本身就是反向形成。父母内心体会到的是，孩子在没有我协助的情况下，在跟我没关系的情况下，竟然可以快乐。这会让父母觉得被孩子严重地抛弃了。所以，父母会把孩子的快乐跟他们的要求绑在一起，表面看起来他们是要放手、不控制，实际上他们内心还是希望控制孩子。

孩子缺乏能力

我们碰到过这样两种不同类型的父母。一种是直升机型父母，当孩子有困难的时候，他们会空降过来，解救孩子出困境。

比直升机型父母更厉害的是割草机型父母，他们直接站在孩子的前面，像割草一样把孩子前行路上所有的杂草全都去除，让孩子走得非常顺利。

父母想给孩子扫清路障，把所有杂草全都去除，这可能在他们内心也有一些反向形成。这可能是在用过度的爱，表达对孩子过度的恨。这相当于把孩子自己割草的能力全都杀死了。孩子如果缺乏某种能力，我们可以肯定地说，是父母不希望他有这种能力。比如孩子在结婚前都还不会做饭，这表示父母就没让他做过饭。

一个孩子如果缺乏基本的交际能力，有可能是父母潜意识里认为"你如果跟别人玩得太好的话，就会抛弃我们。所以，我们不会让你具备和别人打交道的能力"。很多人对我说过，他们小时候的所有生活就是学习，别的孩子在外面一起玩的时候，他们在家里学习，进入社会后，就缺乏最起码的跟人打交道的能力。

夫妻总是吵架

夫妻之间反向形成的例子很多，在此我更愿意说说夫妻总是吵架这种情况。

夫妻之间会有很多冲突，实际上是因为彼此非常需要对方。

他们害怕过度紧密而导致两个人的边界丧失，于是通过冲突来维持一种基本的、让每个人都感到自己是独立的人的边界。

有朋友曾经问我，反过来说的话，有些夫妻无意识地黏得非常厉害，如果这是一种反向形成的话，他们在别人面前表现得越亲密、越和谐，是否他们内心越想要掩盖对另一半的不满之类的负向情感体验？

这个问题我没有回答，因为涉及我们做精神分析的一个基本原则——尽量不分析美好。因为他们呈现的是美好，如果我们进行分析可能会破坏他们之间的美好。

我们只分析糟糕的东西。因为分析是有解构作用的，就是改变事情原来的结构，不好的事情被我们分析之后，它可能会变得好一点。而如果是已经很美好的事情，我们就不分析它了。

过度强调自由

有人问我："如果你和你女儿做比较，你觉得你们谁可能更自由一点？"我说："当然我更自由点。为什么呢？我现在除了被工作'虐待'之外，我没有被作业'虐待'。而且我现在做的工作往往是拍摄，也就是把精神分析的课程网络化，我很愿意做这件事，我也能腾出更多的时间来享受生活，而不是被生活或者工作'虐待'。"

我们在过度强调拥有自由的时候，往往是内心没有太多的自由。

可以说，我们可能本来是自由的，在我们强调自由的时候，不是对自由状态说的，而是对自我限定说的。

把很多问题道德化

一个大规模出现的反向形成的例子是把很多问题道德化。

有些事情跟一个人的能力、眼界、人格发展的状态有关，如果这些事情都被道德化，实际上就是反向形成。也就是，把很多问题道德化的人，他们内心其实有很多想冲破道德边界的愿望。他们看不到这一点，所以就过度钳制，通过把自己置于道德的最高平台上，把很多东西都绑上道德规则，用这种方式来享受道德上的优越感，而他们潜意识层面却有很多想要突破的东西。

口口声声坚持原则

涉及原则，也有一系列的反向形成。那种口口声声要坚持原则的人，实际上他们内心有强烈的破坏原则的冲动。而那些不把原则挂在嘴边的人，如果我们跟他们打交道的话，反而会发现他们是真正有底线的人。

过度追求公平

有些人过度追求公平，是因为他们没有在不规则的、不公平的环境中获得利益。如果他们是在不公平的环境中获利的那一方，就不会那么过度地追求公平。

一个人拥有成熟的人格，首先应该相信这个世界上本来就是不公平的。过度追求公平，实际上是想自己成为在不公平的规则中获利的那一方。这也是典型的反向形成。

很多孩子很小的时候追求快乐原则，他们要求自己获得远远高于其他孩子的优越性，到了青春期，这些孩子可能又会过度地要求公平，这实际上是对小时候要求自己所有方面都比别人优越的反向形成。

强烈地想要改变他人或自己

反向形成有可能是我们内心深处的阴暗面，有些人不愿意面对。治疗师在和这样的来访者面质时，会遇到这样的情形：来访者没有意识到自己有反向形成，和他们面质，他们还是没有办法面对。

这时候，我们通常应该采用什么样的方式来帮助他们去做更深入的了解？除了做一些努力，还可以等待。

我有一个学生，在面对这种情况时，提了一个原则：努力，努力，努力，算了。也就是说，在我们尽了最大的努力后，剩下的就是等待。

我们有义务让来访者明白他有阻抗，但是如果他的阻抗太大，也有他的道理，这是需要被尊重的。改变一个人是我们的理想状态，如果这个人不改变的话，那么我们就选择接纳。也许，接纳能够让他做出更大的改变。

治疗师如果过度用力地改变来访者，看起来好像是为来访者好，但是实际上可能是为了满足自己的自恋。因为来访者的不改变，会让治疗师的自恋受伤。这也是一种反向形成。

我们在临床中看到很多这样的来访者，他们强烈要求改变自己，甚至到脱胎换骨的程度。如果我们给他们做咨询做治疗的时候，发现他们对抗改变的力量非常强大，那么我们就可以认为，他们过度要求改变自己本身就是反向形成。严重的时候，过度地要求自己改变，实际上是对自己施虐。

过分征求他人意见或特别有主见

一些人经常就各种各样的问题寻求周围人的意见和想法。他们认为自己是在征求所有人的意见和想法，其实他们是完全按照自己设定好的方式来做的。这也是反向形成。

在生活中，我们同样也会看到很多这样的人，他们显得特别有主见，任何人的意见都听不进去。这些人的人格实际上非常弱小，他们在人格层面往往是没有主见的，所以他们用显得很有主见的方式来保护脆弱的自我。

而那种处于无可无不可状态的人，好像别人随便说什么都是可以的，他们往往都有非常强大的人格。

| 延伸阅读 |

内心强大与反向形成的程度成反比

有些人反向形成的程度到了必须要恨一群人，才能显得自己更爱这群人。这种程度可以制造很多国家与国家之间、文化与文化之间，或民族与民族之间的冲突。我们如果能够更好地理解这种状态的话，世界的冲突可能就要少一些。我们都向往世界和平，但是仅仅向往是没有用的，我们还要具备有能力推进世界和平的人格特征。这个世界如果都是由不那么反向形成、不那么虚伪的人组成，冲突就会少很多。

反向形成和一个人内心是否足够强大有非常大的关系。因为一个人如果内心，或者说人格足够强大，就能够承受很多东西。比如，一个顺利度过了青春期的男孩，他能够面对自己对女孩的喜欢，而一个不能很好地面对或接受自己愿望的男孩，可能就会用反向形成的方式来攻击喜欢的女孩。

换句话说，内心强大与否和自己能不能接受完全不同的、原来不认识的自己有关。

反向形成让我们活出对立面

了解你不知道的自己

反向形成是一种很好玩的防御机制，有时候用来分析一下自己，也可以起到一些娱乐效果。当然，分析自己，更多的是为了更好地看清自己。

有些朋友对我说，很多人都说我的好话，好像没听到过有人说我的坏话。这个反馈让我大吃一惊，因为如果这是事实的话，就是典型的反向形成。也就是，我的人格已经弱小到了不能够忍受任何人说我一句坏话的程度。别人不说我坏话，表面上表示我人际关系很好，但是实际上，可能是我在持续地使用反向形成的方式，来掩盖我对他人的敌意。

此外，我和我的一个男性朋友已经有二三十年的工作关系。有一次，他喝了酒后对我拍了下桌子，他说我，"我跟你打交道这么长时间，经常跟你发生争论，但是没有赢过你一回"。

这给人的第一感觉是，我非常强大，以至于我从来都不会输。但是第二感觉就完全变成一种反向形成，即我的人格已经弱小到不能忍受哪怕一次在酒桌上的争论。而这种小的事情我都让自己取得决定性的或者全面的胜利，表示我的人格没办法承受任何一点点失败。这种觉察让我觉得有点痛苦。

互为表里，相互成长

有时候，父母人际关系非常好，但是孩子人际关系不好，我觉得很可能是反向形成，因为孩子可能代表父母实施对他人的攻击。比如，父母跟孩子在一起的时候，孩子看见父母对别人很客气，但是孩子可能感觉到父母潜意识里对别人的敌意，然后就代表父母攻击别人。

家庭中，很多时候，孩子或者父母会代表另一方，去做一些他们没有讲出来的潜意识里的事情。

父母与孩子互为表里，也就是说，孩子的言行有可能完全是父母潜意识的直接呈现。孩子代表父母表达攻击性，孩子代表父母堕落，孩子代表父母无能，或者孩子代表父母生各种各样的病，可能是身体方面的疾病，也可能是身心疾病，还有就是抑郁症、强迫症、神经症，或者人格障碍之类的疾病。

精神分析的某些观点乍一听，有点胡说八道，绝对荒唐的感觉，但是精神分析是一门"外语"，就像如果你没有学过英语，别人跟你说英语，对你来说没有意义一样。要理解孩子代替父母呈现潜意识，不懂精神分析是不行的，会被认为是胡说八道，甚至完全没有意义。

"潇洒"的我，特别重视学习的女儿

在孩子的学习问题上，可以把反向形成当作技能使用。家长如果不当回事儿，孩子很可能就当回事儿了。

我女儿小学一二年级的时候，语文听写拿了满分，我装模作样地板着脸对她说："不准考一百分，不准考一百分，考一百分我跟你急，考八九十分就可以了。"这是使用了反向形成。然后，她经常为自己学习的事情来训我："爸爸你知不知道学习很重要，这关系到以后找工作，以后……"这就叫人际关系之间的反向形成。

我貌似潇洒，实际上内心是很紧张女儿的学习的，而女儿成了特别把学习当回事儿的人。

理解别人的言行

反向形成给了我们觉察自己和他人很好的机会，让我们明白，不要仅凭一个人的言语和行动去评判他，因为这背后可能有很多更深层的原因。

总的来说，与其说语言和行为是用来表达什么的，倒不如说是用来掩盖什么的。精神分析这门学问，恰恰就是研究一个人怎样掩盖真实的自己。

有一次，我和我女儿就反向形成进行切磋。最后，我对她说了一句"I'm sorry"。

女儿问我："你刚才为什么不说'对不起'要说'I'm sorry'，为什么要说英文？"

当时我的确是有内疚感，对女儿使用了那么猛烈的精神分析技术，我觉得对她是一种攻击，我想通过说对不起来缓解一下自己的内疚感。但是那一瞬间，直接面对强大的内疚感，我好像有点承受不住，所以使用了一门我不熟悉的语言，或者说不是母语的语言来表达。这是一种伴随着情感隔离的反向形成。

很多人说自己没有什么的时候，往往就是有什么；很多人说自己是什么的时候，他们潜意识里实际上在跟我们说，"你别相信我，我刚才说的是假话"。需要强调的是，这不是他们意识层面的，而是他们潜意识层面的，通俗来说就是"不自觉"地做一件事情。

从这一点上来说，精神分析就是让所有的不自觉变成自觉，让我们不能够觉察的东西变成可以觉察的东西，让我们的潜意识意识化。

反向形成可以扩展我们对自己、对生活、对他人的觉察，提高我们的生活品质。因为我们活着的一辈子，就是觉察的范围不断加大、程度不断加深的变化过程，我们觉察的范围越大，觉察的内容越清晰，我们的生活品质就越高。

小结

- 一般情况下，只要我们不干预孩子的成长，在"老天"的安排之下，或者在自然规律的运作之下，孩子的人格会自然而然地变得很独立。
- 夫妻之间的很多冲突，是因为互相非常需要，因为害怕过度紧密，而导致两个人的边界丧失，所以通过冲突来维持自己的边界。
- 孩子的行为可能是父母潜意识的直接呈现，要理解这种呈现，没有精神分析是不行的。
- 有些人反向形成的程度到了必须要恨一群人，才能显得自己更爱这群人。
- 我们活着的一辈子，就是觉察的范围不断加大、程度不断加深的过程，我们觉察的范围越大，觉察的内容越清晰，我们的生活品质就越高。

第6讲

防御机制——投射

曾氏语录：
- 一个人的内心活动永远都会输出。
- 判断投射的绝招——一个人心里有什么，他就会对别人身上同样的东西敏感，他对此就有比较高的鉴赏力。

投射：你内心是怎样的，看到的世界就是怎样的

投射也许是我们最先使用的防御机制

投射，也许是一个人一生中最先使用的防御机制，是指将自己身上的心理行为特征转移到他人身上的现象。

在婴儿跟妈妈的关系中，如果妈妈把婴儿照顾得很好，在他肚子饿的时候把乳房给他，让他吃饱了，他的胃舒服了，他就会把这种舒服的感觉投射给妈妈，认为"我是好的，妈妈也

是好的，妈妈的乳头也是好的"。但是如果婴儿没有得到妈妈好的照顾，他的胃可能就不舒服，他就会认为"我是不好的，妈妈也是不好的，妈妈的乳头也是不好的"。

严重的情况是，如果一个成年人有"我是好的，妈妈是不好的"这样的感觉，就是反社会性人格障碍。患有反社会性人格障碍的人认为自己是好的，而整个社会中的其他人都是坏的，他们会不断地用非常原始的防御机制，即见诸行动来攻击社会，攻击他人，甚至触犯法律，最后被送进监狱。

| 延伸阅读 |

是人格障碍还是神经症？自知力是判断标准

一个人的内心活动永远都会输出，心里怎么想，接着便会怎么做，而怎么做的行为是可以观察到的。

从人格发展不好的成人身上，我们可以看到很多婴儿般的行为，不过这时成人的内心是可以表达的。比如，我们访谈一个反社会性人格障碍的病人，他完全没有内疚感、罪恶感，他认为自己做的所有错事都不是自己的责任，自己的所有行为都应该由外界负责任，是"社会对我不好"。这是他可以对我们说出来的想法。

但是，一个人格发展到比较高水平的人，比如神经症水平的人，他可能会说："我做这件事情，一方面是社会给了我必须做这样的事情的压力，另一方面是我自己本身也错了。"这样的人有一定程度的自我批评，并且可以用语言表达出来。

所有外境都是心境的投射

庄子曰："鯈鱼出游从容，是鱼之乐也。"庄子说鯈鱼在水里悠然自得地游动，是鱼儿的快乐。这很可能就是一种投射，就像惠子说的："子非鱼，安知鱼之乐？"

一个人如果处于高兴的状态，他会觉得太阳都在对他笑，就算下雨也没关系；一个人如果处在抑郁的状态，他会觉得天地阴沉沉的，山也在哭，地也在哭。我们常常说，因为外界的影响，比如下雨，所以心情不好，实际上不是这样的，一个人如果心情好的话，下雨也可以给他增加欢乐。

可见，这个世界是什么样子的跟这个世界没有关系，而跟我们内心是什么样子有关系。

苏东坡和佛印的经典投射

相传苏东坡和佛印禅师一起打坐。打坐完，苏东坡问佛印，你看我刚才打坐的姿势像什么？

佛印说苏东坡像一尊佛，苏东坡却说佛印刚才打坐的时候，在他心中就是一堆牛粪。佛印听后，只念了句"阿弥陀佛"。

回家后，苏东坡向他的妹妹炫耀他今天跟佛印禅师交锋，他占了上风。

他妹妹说，你今天输得太惨了，佛印这样的高僧，他全身心都是佛，所以他看什么东西都是佛，而你全身心尽是什么就不用说了。

实际上这样一个让无数人开悟的故事，只不过是在说投射而已，你看别人是什么，就表示你自己是什么。我们在笑过之后，应该反省反省，边界就会清晰一些。

有个判断投射的绝招，一个人心里有什么，他就会对别人身上同样的东西敏感，他就有较高的鉴赏力。比如一个人可以随时随地发现别人小气，于是我对他说"你对小气有非常高的鉴赏力"，实际上等于说他一直在投射他的小气。

自我中心，是投射的典型表现

自我中心，其实是投射。评价别人是自我中心，多少带有一点道德评判的味道。当我们评价一个成年人"自我中心"的时候，相当于批评这个人比较自私。而精神分析在使用"自我中心"的时候，只是描述，没有道德评判、道德捆绑。

我知道的，你也应该知道

有一个研究，把一个三四岁的男孩和一个15岁的男孩关在一个房间里。15岁的大哥哥对三四岁的小弟弟说："哥哥吃一个苹果。"他吃了一半，把苹果放在了一个篮子里，然后对小弟弟说："哥哥现在出去一下，等一下回来，我还会吃这个苹果的。"

大哥哥出去后，工作人员进来，当着小弟弟的面把那个苹果从第一个篮子里移到了第二个篮子里，然后问小弟弟："你能不能猜一下，等一下大哥哥回来，他会在哪个篮子里找自己的苹果？"小弟弟说："在第二个篮子里。"

但是，事实上不是这样的。因为大哥哥没有看到苹果从第一个篮子里到了第二个篮子里，所以他回来后应该在第一个篮子里找。

小弟弟不清楚自己跟别人的边界，他看到了苹果从第一个篮子里到第二个篮子里，他投射性地认为，大哥哥也应该知道苹果从第一个篮子里到了第二个篮子里。所以，他认为大哥哥回来后会在第二个篮子里找他的苹果。他认为自己知道的别人也应该知道。

我冷，你肯定也冷

3岁前的孩子处在一个自我中心阶段，他们没有换位思考的能力，他们不能理解白雪公主吃下毒苹果的故事。他们知道那个苹果是有毒的时候，就会觉得：你不要吃，你怎么会吃呢，苹果明明是有毒的啊。

一个孩子晚上做了个梦，梦里有妈妈。第二天妈妈问他："你昨天晚上做了什么梦？"3岁前的孩子会觉得："你怎么会不知道，梦里有你的呀！"

精神分析认为这种自我中心是投射——我把我的感受加到另一个人身上。

生活中还有一种常见的自我中心，"我冷，你肯定也冷"。实际上，我冷是因为我发烧了，容易感觉到环境温度的刺激，而我投射性地认为你也应该感到冷。

不爱吃肉的财主

据说，有一个财主家里有很多长工，这个财主不喜欢吃肉，他家的长工犯了错误,他就罚他们吃肉。于是,他家的长工会经常、定期地犯一下错误,这样就有肉吃。这是典型的自我中心的表现。他以为自己不喜欢吃肉,其他人也都不喜欢吃肉。

安全感与投射

你的内心是否安全

我们经常说的安全感,实际上跟投射有非常大的关系。

举个例子,在同一个小组中,不同的人对这个小组的安全感的感觉是不一样的。有的人会觉得这个小组非常安全,自己说任何话都没有问题;有的人会觉得这个小组很不安全,自己说任何话都可能遭到攻击,或者这些话被传出去。不同的人会有完全不同的感受,是因为他们使用的投射不同。

弗洛伊德曾用一个单细胞生物来说明投射的防御机制。一个单细胞生物已经具备一整套自我保护的方式,当外在危险攻击这个单细胞生物的时候,它可以自动调动其所有的防御体系来对抗。但是,如果危险存在于内部,就实在是太危险了,那么这个单细胞生物会通过幻想,把内部的危险变成外部的攻击,即把危险投射到外界,再折回来攻击自己。

本来想攻击别人,结果将自己变成被攻击的对象,一个人的安全感就是这样下降的。

如何提升内心的安全感

在前文的例子中,安全感较高的人,对环境,对小组没有攻击,对小组的其他人也没有攻击,所以认为其投射的小组成员也不会攻击他们。可是,如何提升感觉不安全的人的安全感呢?让安全感较低的人,发现原来是他想攻击别人,而不是别人想攻击他,能使他的安全感在非常短的时间内迅速上升。

比如,本来是我想攻击别人,而我不愿意承认我想攻击别人,于是我不断地想象他们会攻击我。这是我对他们的攻击的投射。我总想象他们会攻击我,就会感到紧张和恐惧,这样我就把对他们攻击的潜意识意识化了。我觉察到原来是我想攻击他们的时候,投射出去的攻击就被收回来,我就不再有那些糟糕的情感体验了。

边界和投射

让来访者意识到边界的重要性

我们作为治疗师,在跟来访者做治疗的时候,如果来访者投射我们的话,我们要尽早给他解释清楚这一点。不然双方的边界就会不清晰，最后我们可能丧失给来访者做治疗的立场。

一个来访者见到他的治疗师后，马上调侃地说："医生，你好像今天心情有点不好，最近是不是遇到什么倒霉的事情了？"这实际上是对治疗师的一种侵犯，任意猜测治疗到底处在什么状态中。

治疗师想了一下，对来访者说："实际上我今天心情不错，最近也没有遇到什么倒霉的事情，有可能是你心情不好，所以你更愿意我心情不好。"

我们不妨来体会一下来访者此时的感觉——我本来想靠近你，跟你亲热一下，但是被你一记重拳推开，你这样做是告诉我，"你的感受是你的感受，别把你的感受跟我的感受混淆，我要站在离你很远的地方，这样我才可以治疗你。如果你总是把你的感受加到我身上，我们俩成了一个人，我就没办法治疗你了"。

治疗师的回应，虽然会让来访者在那一刻不舒服，却是利于廓清界限的，不让来访者有太多的投射，以免使得两人之间没有边界。每个人都可能在某些时候处于边界不清的状态，这时就需要一个边界清楚的人告诉我们，"你和我边界不清楚了"。

适度的防御:
建立有滋养作用的人际关系

投射无处不在,我们投射之后,边界就不清楚了,边界不清是投射的结果。边界不清楚、主客体分离得不好的人,更容易投射,把自己的感受加到别人身上。

胆小的父亲有个胆小的儿子

一位父亲告诉我:"我儿子非常胆小,我天天训练他,但是他还是胆小,怎么办?曾老师你要帮我。"我问他:"你自己有没有胆小的时候?"他说经常有。我让他列举了十条自己胆小的例子,他列举之后我再问他:"你现在还觉得你儿子胆小吗?"他说:"我感觉儿子胆小的程度大大降低了,为什么?"

我说:"因为你一直都没有看到自己的胆小,你把自己全部的胆小都投射给儿子。儿子有两份胆小,一份是作为人都有的胆小,还有一份是爸爸不愿意看到自己胆小,然后投射给他的。当你把自己的胆小部分收回来的时候,你看到儿子胆小的程度就降低了一半。你感受到,'原来我如此害怕自己胆小,所以我看到儿子胆小并且攻击他的时候,我就成了这个世界上最勇敢的人,而儿子成了这个世界上最怯懦的人'。"

当这对父子平均分配胆小的总量时,或者说父亲把自己胆小的部分收回来时，儿子胆小的程度自然就会降低，两个人胆小的反差也就会降低，儿子变得不那么胆小了。

当父亲在承认自己胆小的时候，对这位父亲有治疗作用，同时也可以为儿子营造一个正常成长的环境——儿子不会再一天到晚被父亲催眠"我是一个胆小的人，我是一个怯弱的人"。父亲把自己的胆小提升到意识层面，他在陈述自己胆小的时候，就会自动地把投射给儿子的胆小收回来，儿子胆小的总量就会减少，胆小的程度就会降低。

抓一把数不清的黄豆让鬼猜

有一个女人得了重病，她临死之前跟老公说："我死了之后，你不可以找别的女人，你如果找了别的女人，我会变成厉鬼来掐死你。"男人就说："好，好，我不会，我答应你。"

结果女人去世之后没多长时间，男人就找了另一个女人。一天晚上，女人变成厉鬼说："你说话不算话，我要把你掐死。"男人说："我以后再也不干这种事情了，你放心。"

但是后来他又干了，他的鬼老婆又出现了，这让他非常苦恼，就去找道士给他想想办法。道士对他说："这件事情很简单嘛，在你老婆下一次出现的时候，你随手从缸里抓一把黄豆，让她猜多少颗，如果猜不出来，就让她走。"

男人真的这样做了，当他的鬼老婆说要掐死他的时候，他随手抓了一把黄豆问："你如果能说出来这有多少颗黄豆，我就再也不跟别的女人在一起了；你如果说不出来，你就走。"然后他的鬼老婆"嗖"地一下不见了。

这个故事的关键是告诉我们：他是随手抓的一把黄豆，他自己也不知道多少颗，所以他没法投射出来一个准数，鬼老婆自然也不知道有多少颗，然后她就走了。如果是他数了20颗黄豆抓在手心里，然后问鬼老婆："你猜有多少颗？"那对方肯定说："20颗！"

不过我还给这个故事写了一个续集，就是他随手抓了一把黄豆，然后问鬼老婆多少颗，鬼老婆说31颗，他一数，真的是31颗。那这个鬼就不是投射出来的了，是真鬼。当然，这是玩笑话了。

警惕投射过度

投射无处不在。在生活中，现实世界是什么样子，跟现实世界的真实性没太大关系，每个人都是被自己投射的厚厚的世界包裹，所以这个世界的外面才是真正的世界。

比如，一个在地震中受了伤且丧失了亲人的人，在没有地震的地方，他仍会觉得不安全，因为他把自己经历的那些灾难性危险，投射给了安全的世界。很多来访者走在安全的大街上，也会觉得有很多的攻击。他们就算沿着墙角走，都会觉得周围充满了危险，因为他们把内心对环境的攻击投射了出去。

而有些人，他们内心安全感非常好，以至于在"枪林弹雨"中都会觉得安全，这是因为他们内心可以向环境投射安全。有时候客观上未必安全，就像客观上未必不安全一样。

不管是不安全感还是安全感，投射过度都可能造成病理性状态。

在一个真正危险的地方，一个人如果过度地投射自己的安全感，他就看不见那些危险的事实，可能就会真正威胁到他的安全。这实际上是一种自我功能不足的状态，也就是现实检验不够。

假如，某地出现了新冠肺炎疫情，政府说最近一段时间不要去那里旅游，但是有人无视政府的警告还是去旅游了，差点被感染。这说明他们内心过于安全，投射的环境也过于安全，以致导致了这样的危险，这是自我功能判断的问题。

因此，一方面，我们要有能力把自己内心的安全感投射到

适度的防御：
建立有滋养作用的人际关系

环境中，使我们能够与环境和谐相处；另一方面，在环境真正出现危险的时候，也应该能够客观地感觉到危险，以便采取保护自己的措施，这样可能就比较和谐了。

客观地感觉现实是一种自我功能，即判断力、现实检验能力。这种能力跟投射是并行的。如果过度投射的话，就会降低现实检验能力，降低对现实生活中发生的事情的敏感度。也就是说，不管发生什么，投射的都是一样的内容。这显然不是自我功能处于灵活应对外界变化的状态，这种状态可能会导致一些灾难性的后果。

是过度投射导致现实检验心理功能下降，还是现实检验心理功能不足导致出现过度的投射？其实是同一回事，一个重点在防御机制，另一个重点在现实检验，它们是并行的。投射恰当，能够帮助一个人理解其他人；投射过度，则有可能会把自己的需求强加于人。

那么，如何让一个人有恰当的投射，而不是过度的投射？

简单地说，就是做到清楚地分辨什么是自己的边界，什么是别人的边界。一个心理发展得足够好的人，能够判断哪些东西是自己的，哪些东西是别人的。

小结

- 这个世界是什么样子的跟这个世界没有关系,而跟我们内心是什么样子有关系。
- 安全感实际上跟投射有非常大的关系。
- 边界不清是投射的结果。
- 不管是不安全感还是安全感,投射过度都可能造成病理性状态。

第 7 讲

从人际现象谈投射

曾氏语录：
- 言语中带有情绪，一般都是投射性地攻击自己。
- 人是这样一种生物，既喜欢孤独，又喜欢群居。

以己度人始终是片面的

己所不欲勿施于人，有时是错的

己所不欲勿施于人，一直被人们奉为道德准则，真的非常美好。但是我们不妨问一下：我不想要的东西，有没有可能是别人想要的？而我想要的东西，有没有可能是别人不想要的？这就可能是一种善意的投射。回到前文"不爱吃肉的财主"的例子，己所不欲勿施于人，可以说有时就是错的。

一锅生米和一锅稀粥

边界的建立和早年的养育有关，也跟文明、居住环境、经济发展情况有关。比如，当大家都有一套自己的房子，有独立的卫生间和厨房时，这些空间上的距离，自然会增加人与人之间的距离，减少投射。

多数西方人的自我边界比较清晰。在西方国家生活，你会发现人与人之间的关系像一锅生米，生米和生米之间的边界是清楚的。而在我们国家，有时候人与人之间的边界不那么清楚，有点像一锅稀粥。

恰好由于这个原因，我不愿意在西方国家生活，因为我比较喜欢相互之间有很多投射的、边界不那么清楚的状态。这种状态的确会带来一些问题，但其中会有很多照顾、很多温暖，我觉得它带来的好处要多于问题。

当然，我们不能因此认为西方人喜欢孤独，我们喜欢群居。看待人性，只看人性的某一个方面永远是不够的，真正看到人性最深处的状态时，我们会发现人是矛盾的。

一方面，我们希望有自己的自由，希望自己是独立的个体，被尊重；另一方面，我们有群居的倾向，希望跟他人在一起。我们永远都处在这种冲突中，说人喜欢孤独，或是说人喜欢群居，都是片面的。人是这样一种生物，既喜欢孤独，又喜欢群居。这才是最深刻的认识。

谈谈戴首饰

我的一个朋友曾经对戴大金戒指的男人特别反感,觉得这样的人很没有品位。后来,她碰到一个她觉得很有品位的男人,但是有一点让她很费解——他整天戴着一个很粗的金戒指。

后来他俩熟悉了,我朋友问他干吗戴一个看起来很不协调的粗粗的金戒指。那个男人说,金戒指是他岳母在他结婚的时候给的,是保佑他的,他为了安慰和尊重老人家,给老人家安全感才戴着,其实他也觉得不好看。

我朋友突然觉得,原来自己对戴大金戒指的男人可能存在偏见了。

这可能是一种投射。

有一个女性朋友,说自己从来不戴任何首饰,就算买了首饰,戴上就会觉得不好看,于是都搁置了。原来在她小时候,她妈妈非常反感她所有的打扮,当然也包括戴首饰了。有一次,这个朋友涂了一点没有颜色的透明指甲油,她妈妈就非常不高兴，说不要绣花枕头一样的女儿。

这个朋友一直记得这句话，之后在打扮上就一直有内在冲突。比如涂口红，她刚涂好，又立刻擦掉，尤其出门的时候必须擦掉，但她其实很想涂口红；烫头发也是，很想烫头发，烫完不到一个星期，就又把它拉直。她总是怕妈妈责怪她。

在这个故事里，朋友的妈妈是不喜欢妆饰的，妈妈把这种不喜欢投射给了女儿，女儿认同了。

也许朋友的妈妈是这样想的：如果我用首饰吸引男人注意的话，男人就会忽略我。她投射性地认为，她戴了首饰之后，别人更在乎她的首饰。这是投射性的主次混淆。

现实不是这样的，首饰只不过是首饰而已，它是我们的附加部分，它可以增加我们的魅力，但是不会替代我们。比如前文例子中戴大金戒指的男人，我们关注的是这个男人而不是他戴的首饰。在这个男人让我们感觉足够好的时候，哪怕他戴的是一个完全不值钱的东西，我们都不会认为他本身的价值被贬低了，他戴价值千万元的钻石戒指，我们也不会认为他本身的价值就升高了。

攻击别人的背后是自我攻击

厌恶孩子，其实是在厌恶自己

父母纠正孩子生活习惯的时候，通常有两种方式。一种是教育孩子不带任何情绪，比如直接告诉孩子吃饭的时候不可以发出声音，没有任何情绪。一种是教育孩子带有情绪，比如很多父母在纠正孩子的一些小毛病时，是带有厌恶情绪的，"你能不能不要像猪一样，吃饭吧唧吧唧的""你做作业的时候，怎么这么不小心"。

言语中带有情绪，一般都是投射性地攻击自己。也就是说，如果我们自己有这样的习惯，会觉得非常内疚，有屈辱感，看到孩子这样做，我们会针对自己的屈辱感，或者说对自己的毛病实施攻击。所以在纠正孩子的问题时，既有纠正的语言和行为，还有厌恶和排斥。

一个言语中带有情绪的妈妈，也许不吧唧嘴，但是她会隐隐地感觉到，自己可能有其他令自己厌恶的生活习惯。她是用厌恶自己的方式使自己不吧唧嘴的，而不是从容不迫地遵守这个规则。她有很多自我攻击，这些自我攻击平常是看不到的，因为它们在潜意识层面。

那么，在看到自己的孩子出现这种情况的时候，她就会纠正孩子的这个行为，同时，也把她内心的自我厌恶投射了出去。因为她的内心有对自己的厌恶，她把这种厌恶投射给孩子，之后又用指责性的语言来指向他人，指向孩子。

也就是，妈妈自我厌恶导致了对孩子的厌恶。所以妈妈在纠正孩子的毛病时，有厌恶、反感的情绪，而孩子会感到"原来妈妈不喜欢我"。实际上，这冤枉了妈妈，因为妈妈是不喜欢她自己。

不喜欢自己的某种行为，可以从早年的生活中找到原因。如果意识到这一点，就可以放松地处理这件事。比如，有的妈妈会这样说，"孩子，我们俩比赛，看谁吃饭不发出声音"。这就是一种非常轻松的状态，她没有自我厌恶。但是如果妈妈非常厌恶，她的面部表情和整个身体语言都会告诉孩子"你如果这样做的话，就是一个低贱的人"。这就是自我厌恶的投射。

在日常生活中，我们时常会看到父母赞扬自己，"我从来没有这样做，我从来不会这样做"。父母这样说，实际上是在掩饰自己有可能在别的方面这样做，或者说在纠正这个习惯的过程中充满屈辱，曾经为这样做付出过代价，甚至是失去尊严的代价。

多看看孩子的"客户反馈表"

我们经常会遇到孩子这样抱怨父母:"爸爸妈妈很凶,不喜欢我,或者对我很粗暴。"父母却觉得没有这回事儿。这可以理解为孩子对父母的投射。孩子的内心世界往往是父母造就的,孩子如果感觉到父母在攻击他、父母不喜欢他的话,我们多半认为孩子的感觉是真的。

为什么?就像我们去某一家餐馆吃饭,服务质量的好坏不是由服务员说了算,而是由作为顾客的我们说了算。父母做得好不好,最有发言权的不是父母,而要做"客户调查",调查孩子是不是也认为父母足够好。这时,来自孩子的反馈才是检验的标准。

实际上,做好父母也不是一件太难的事情,经常发发"客户反馈表",看看孩子对自己有什么反馈,然后做出相应的改进。而且这样做,可以保证永远不会出错。

打破投射:自己的归自己,别人的归别人

你悟出的道理本来就是你自己的

很多人说《易经》是一本包罗万象、无所不知的书,我有很长的一段时间也对《易经》感兴趣。我们是如何理解《易经》的呢?

"棋圣"吴清源说,他每天都读《易经》,他从《易经》中悟出如何下棋。我对此的理解还是跟投射有关系。一个内心世界不太丰富、经历比较少的人看《易经》,悟不出来丰富的内涵,因为他没有办法投射出那样的内容。但是一个经历非常丰富、内心也非常丰富的人,就可以把丰富的内心投射给《易经》,于是觉得《易经》告诉了他很多道理。

实际上,《易经》告诉他的那些道理,全都是他投射的结果。因此,如果有人说,《易经》无比丰富、无所不包,我会对他说:"不是《易经》多么丰富,而是你自己的内心非常丰富,所以你才能从《易经》中看到非常丰富的东西。"从这个角度来理解,《易经》中的语言使读者有机会把自己内心丰富的情感投射出来。

《易经》用了两种表达方式:一是把一些事情说得比较模糊,让读者有更多加工的可能性;二是把事情说得很确定,但是并不影响对其加工的可能性,因为它可以是象征。如果某一个确定的事物是象征的话,其可能性几乎就是无穷无尽的。所以《易经》说什么并不重要,我们怎么解读和投射它才是更重要的。

这就是为什么同一本书,不同的人可以从中看到不同的东西。像吴清源这样的高手,他跟某一个人讨论棋艺,他投射和内化的内容是有限的,但是如果他对一本书进行投射和内化,那么内容几乎是无穷无尽的。

人们经常会说，自己从一本书中得到了什么，但那并不是所有的人都能从这本书中得到的。这恰恰说明，我们从书中得到的其实是我们自己没意识到的东西，是我们过去长期以来积累的智慧，是我们自己的，不是《易经》的。

| 延伸阅读 |

罗夏墨迹

很多心理测量就是投射测量，最著名的投射测量是罗夏墨迹。它有很多左右对称的图形，你把它看成什么都可以。人们从中看到的东西，可以呈现他们的内心世界。

越描越黑背后的原理：你是"黑"的

我跟我的两个学员谈话的时候，我发现其中的一个女学员A的状态不太好。我对她说："我觉得你现在状态不太好，你最好看五十次心理医生，可能会对你有很大的帮助。"我刚说完，A就说："曾医生，你刚才这样说我很感动，我觉得这是你给我的一个特殊的礼物，我回去之后就找一个心理医生。"

她的话音未落，坐在旁边的另一个女学员B——在心理治疗领域工作了十年以上的经验丰富的治疗师,突然生气地对我说:"曾医生,你怎么可以说别人有病,而且劝别人去看心理医生呢?"

我当时有点吃惊,我不知道为什么自己突然遭受这样的指责。然后,B马上又对A说:"你一定要知道,曾医生这样跟你说是善意的,他不是骂你,不是对你不好。"A停顿了一下,反馈说:"刚才曾老师跟我说的那段话,我没觉得不舒服,怎么你跟我这样说之后,我反而不舒服了呢?"

B继续解释:"我真的是想跟你说,曾老师不是故意的,他对你是善意的,是对你好,是说你这种状况需要改善一下,他没有恶意。"然后A断然地反击:"你越说我越不舒服了。"就这样,A的反应让B有点抑郁了。

我对这件事情的解释是这样的:我对病人、疾病不排斥,而且我一直都认为我自己就是病人。如果谁说我不是病人,是对我的侮辱。我也觉得看心理医生是一件值得"吹牛"的事情。我周围有很多人,包括我的亲人,他们也看心理医生。我觉得,如果有人说"我在找某一个人做治疗",是一件值得自豪的事情。所以我在这方面是"干净"的,我内心没有排斥的东西。

但是对B来说,她虽然在心理治疗领域工作了十多年,却还是觉得看心理医生是一件非常屈辱的事情。所以她投射性地认为，我在贬低 A。B 内心对疾病和看心理医生的这种贬低，传递给了 A，A 也感觉到 B 对疾病和看心理医生有敌意，所以她感觉到了不舒服，并且把这种不舒服表达了出来。

我后来对 B 做了一些工作，我对她说："你在这个领域工作了这么长时间，还对疾病和看心理医生如此忌讳，你真的需要把自己的内心清理一下。如果你不把自己内心清理干净，这些东西迟早会投射出去，并且被别人感受到。"

我经常使用"病人"这个词，也会让大家形成误解，这个误解来自投射。我是当医生的，我习惯于称我的服务对象为病人，我觉得我的病人是我的衣食父母，我使用这个词的时候，带有很多尊重，没有贬义，没有贬低。

有的咨询师使用的是"来访者"，所以他们会投射性地认为，我称来访者为病人的时候，是瞧不起来访者，或贬低来访者，或攻击来访者。我确认，这是他们对我的投射，不是我内心存在的。再次强调，只要你认为我使用"病人"这个词的时候是对病人的攻击或者贬低，这不是我的攻击或贬低，而是你的。

觉察到自己的投射，便有了边界感

一个员工认为他的老板对他有意见，他觉得老板看他的眼神、关门的响声，都是在攻击他。治疗师告诉他，其实是他对老板有敌意。当他觉察到原来是自己对老板有敌意的时候，他觉得老板对他的敌意消失了。他之所以会有这样的变化，是因为他把自己对外的攻击还原成自己的，不再投射成老板会攻击他。

这对调适人际关系非常有益，因为这是让自己的东西变成自己的，别人的东西变成别人的，不强迫别人拥有自己的东西。

一旦明白了投射原理，不仅可以在现实层面减少互相指责，也有利于划清我们跟别人的边界，使人际关系更和谐。

小结

- 如果我们看待人性，只看到人性的某一个方面的话，永远是不够的。我们永远都处在这种冲突中，不管是说人喜欢孤独，还是说人喜欢群居，都是片面的。
- 让自己的东西变成自己的，别人的变成别人的，不强迫别人拥有自己的东西。
- 妈妈的自我厌恶导致了对孩子的厌恶，所以妈妈在纠正孩子的毛病时，有厌恶的情绪，而孩子会感到"原来妈妈不喜欢我"。实际上，这是妈妈不喜欢她自己。

第 8 讲

防御机制——认同

曾氏语录:
- 所有的独立都需要付出代价,这个代价就叫自由。
- 如果 15 岁的孩子谈过恋爱或者在谈恋爱,就表示父母没有人格障碍。

认同,每个个体都需要

Identification,多年前曾有人把这个词翻译成"同一性",近年来我们更多是使用"认同"这层意思。

弗洛伊德的孙女索菲·弗洛伊德(Sophie Freud)曾经在 2008 年的世界心理治疗大会上做主题发言,她发言的主题是"21 世纪最大的问题——认同"。她来自弗洛伊德家族,对心理学与社会的关联有很独到的见解。

为什么说 21 世纪最大的问题是认同？这跟科技的发展、社会的巨大变迁等变化是有关系的。这种大环境的变化，导致每个个体都需要有对自己的认同。

年龄的认同

有很多关于认同的主题，我们先说一下年龄的认同。

人的一生中有两个重要的年龄认同阶段：一个是青春期，一个是更年期。实际上都应该叫更年期，因为都是年龄的更替。

有一次，我的一个女学员跟她 16 岁的儿子说，"妈妈现在更年期了，你别惹我啊"。然后她儿子说，"我怎么不惹你，我敢惹你，我现在是青春期"。

可见，很多孩子的问题是：在自己青春期的时候，遇见了正处于更年期的父母，所以彼此之间可能有很多不协调的地方。

青春期

在青春期这样的"更年期"中，主要冲突之一是独立与依赖。就身体、智力以及其他能力而言，青春期的孩子处在一个要独立不独立，要分化不分化的阶段。如果让他们完全独立，他们肯定活不下去，但是让他们完全依赖，他们内心又有强烈的希望独立的愿望,所以他们处在一种与父母冲突频发的状态中。

为什么会这样?实际上也很好理解,在青春期的时候,孩子的身体迅速发育,曾经被他们很好地支配过的小胳膊小腿,突然大了起来;另外以前一直通过其他方式来表达或者满足的与性有关的欲望,突然被明确地意识到……面对这一切变化,他们可能会有一些慌乱。

更年期

更年期的状态不太一样。在此期间虽然身体也发生了巨大的变化,但是这种变化是在走下坡路。女性的皮肤变得松弛、乳房下垂、雌激素分泌减少、性欲降低、头发脱落等,这些都在告诉一个身处这个年龄阶段的女人:余下的生命已经不多。这可能会导致极大的内心震荡。

对男性来说同样如此,性的欲望和能力不如以前,肌肉松弛,面部出现皱纹,眼睛开始昏花等。这些实际上是在强力地对一个男人说:你离生命的终点已经很近了。这可能会导致他们内心极大的不平衡。

我们的目标之一,就是帮助这些内心世界处于动荡状态的人,平安地度过这一段时间,实现年龄认同。

我究竟是谁

我 16 岁的时候，有时候感觉自己是 6 岁，有时候感觉自己是 61 岁，但就是没有一种关于我已经 16 岁的恰当感觉。同样，在我接近 50 岁的时候，有时候午夜梦回，我真的不相信，我已经年近半百，这让我觉得是一件非常恐怖的事情。

女性同样如此，相信很多女性也会有我这样的感觉，也许快 50 岁的时候，可能感觉自己只有 18 岁。相较而言，女性更在乎自己的年龄。所以，很多人认为不在社交场合问女性的年龄是一种礼貌，是一种社交礼仪。

那么，认同是从什么时候开始的呢？我觉得从孩子非常小的时候就开始了。认同，实际上是在寻求一种确定性。人是这样一种动物：当不太确定的时候，会引发焦虑。比如，如果不确定自己的性别，会引起性别焦虑；如果不确定自己属于哪种文化，或者哪个国家，会有身份认同方面的焦虑。

孩子小的时候，他的自我认同需要通过别人的评价才能知晓；别人说他是这样的，他就朝这样的走一段，别人说他是那样的，他就朝那样的走一段。但是到了青春期，孩子的成长速度很快，导致他对自己的身体不熟悉了，他不敢肯定这个身体是不是他的，他需要一段时间来适应它。他内心涌动出各种各样的需要和欲望，这些也是他不熟悉的，他也需要时间来接纳它们，跟它们在一起。

青春期孩子遇到的种种变化，以及一些关于自己的相互矛盾的评价，这时候会汇聚成一个"我究竟是谁"的问题。孩子需要面对这些相互矛盾的评价来进行处理，从而使它们统一起来，这就是青春期这个年龄段认同的特殊性。

向"好孩子"认同是一把双刃剑

父母夸孩子是好孩子，是一把双刃剑。一方面，孩子被尊重、被接纳、被表扬；另一方面，孩子也会被限定，他只能向"好孩子"认同，那么孩子"坏"的那一面就不被允许，被压抑了。

比如，孩子真的不知道，性的欲望是好还是坏，喜欢异性到底是好还是坏，青春期的时候涂指甲油到底是好还是坏，这个时候戴金戒指到底是好还是坏，留长发到底是好还是坏，等等。如果孩子被过分地反馈为一个好孩子，他内心的冲突就开始了。

但是我们知道，如果孩子能突破别人对他们的暗示，这本身就是成长。

在遵纪守法的前提下，可以说背叛就是成长。对父母的背叛，在一定程度上是长大的标志。在这个阶段，突破一些曾经被禁忌的东西，会带来极大的享受。因此，这些禁忌可以看成是父母送给孩子的礼物，会让孩子在以后突破的时候，有机会获得更多的快感。事实上，一点小小的突破或者自由，就可能给孩子带来极大的欢愉。

依赖或独立

青春期，我们慢慢地摆脱父母对我们的影响。在孩子社会化的过程中，他会发现除了跟父母玩外，还有更好玩的，外面有更加自由广阔的天地。在这个过程中也会出现矛盾，我们不确认父母是希望我们出去玩，还是不出去玩。

而父母传递的信息是反的，意识层面他们希望孩子走得越远越好，成长得越来越好。可是孩子走得越远越独立，他们内心就会越来越多地体验到被抛弃的感觉。所以父母对孩子的态度足够矛盾，给出的信息也是矛盾的。于是在孩子的内心，依赖和独立也变得矛盾起来，这是青春期的核心冲突之一。

所有的独立都需要付出代价，这个代价就叫安全，或者舒服。

如果一个人在青春期关于独立和依赖的问题没有得到很好解决的话，在成年期容易患一种身心疾病——胃溃疡。

患有严重胃溃疡的人，一般有两种极端性格。一种是完全独立，刚愎自用，有那种"请把这一切都放在我肩上"的气魄。但是他们内心有需要依赖的部分，于是他们通过让自己的胃出血，躺在病床上被人照顾的方式，来满足自己依赖的需要。还有一种是完全依赖别人，没有别人的照顾完全活不下去。这类人的胃溃疡是被动溃疡型。

通过认同重生

在青春期之前，人格其实早已形成。一个人在人格方面可能会有一些优势，同时也会存在不足。青春期这个特殊的时期，会给孩子一个机会，让孩子通过认同重生，或者叫重新塑造、重新整合，使自己变得更好。

从精神分析角度来看，早年因为孩子不太被允许独立支配自己的肢体和头脑，到了青春期，孩子要求独立的愿望越来越强烈，而且在能力上，他们也为自己独立做好了准备，使他们可以摆脱早年的创伤、早年的被约束，从而获得重生。

我为谁活着

在青春期，孩子想要获得最高的自我控制的权利——我怎么做应该由我自己做主，最高决策权我应该收回，任何人包括父母的意见都应该是第二位的，或者说只有参考价值，而且我为此已经做好了能力上的准备。

假如，之后孩子在恋爱或选择职业的时候被过度控制，也就是按照父母的愿望来做的话，会直接导致以下问题：我到底有没有能力为自己做主，或者说我有没有为自己做主的权利；我的人生到底是父母的，还是我自己的，我为谁活着。如果恋爱、职业选择这样重要的事情都是由父母做主的话，就相当于我是为父母活着的。

为何父母不让我谈恋爱

无论是青春期还是更年期，都有一个重要的问题就是性，前者是性的觉醒带来的慌张，后者是性能力的下降带来的落寞。而这两者在社会层面相对被禁忌，所以在这两个年龄段的人，似乎不能直截了当地说，"我不想长大""我不想老去"。跟性和禁忌有关的压抑，使得内心冲突变得严重，年龄的认同也变得更困难。

青春期孩子性的意识觉醒之后，最慌乱的实际上不是孩子本人，而是父母。如果孩子开始恋爱，相当于给父母一个明确无误宣言"我长大了"。这个宣言几乎是跟父母的"绝交书"，父母会觉得，"你这样做，把我放哪儿了"，他们会有被置于次要地位的感觉。

孩子过早谈恋爱往往被看成是有问题。我认识一个美籍华人妈妈，她有两个女儿。大女儿16岁，有一次在卫生间发短信，很长时间没出来，这个妈妈很焦虑，因为她觉得大女儿发的是与恋爱、性有关的短信。这反映了相比孩子来说，父母更害怕被抛弃。

我在这里说一个标准，当然这个标准不是教科书上的，是所谓的"曾氏标准"——如果15岁的孩子谈过恋爱或在谈恋爱，就表示父母没有人格障碍。

当然，我并不是提倡孩子要谈恋爱，只是觉得，学习这样的"苦差事"，如果有恋爱的滋养，或许是一件好事，而暗恋可能比直接谈恋爱更耽误学习，或者更耗能，更不环保，更不低碳。我觉得父母不让孩子谈恋爱，一方面是怕对孩子的学习有坏的影响，另一方面也是担心好的影响，怕孩子成绩太好，过快地"远走高飞"。

通常情况下，父母双方的感情越好，他们对孩子谈恋爱的禁忌越少，也就是说父母自己快乐了，也乐于让孩子快乐。如果父母特别依恋孩子，那么他们对孩子的禁忌就会更多。父母更依赖孩子，实际上表示他们本身人格发展得不太好，所以他们对孩子谈恋爱非常警觉。

为何父母要替我找对象

十多岁的孩子谈恋爱常常被定义为早恋。有人问我,早恋的标准是什么。我说在我这儿没有"早恋"这个词。有人回答得更高明,说早恋的"恋"应该改成练习的"练",就是早点练习。

有的男孩或女孩,十五六岁之前被禁止跟异性打交道,进了大学后倒是可以自由跟异性打交道,但是他们已经错过学习跟异性打交道的最好年龄,他们在异性面前往往不知所措,脑袋一片空白,都不知道怎么说话。有的人没有跟异性打交道的经验就进入婚姻,出问题自然难免。

部分大龄青年的婚姻问题,不是他们自己的问题,是他们要用这种状态保持对父母的忠诚,或者说他们是把父母潜意识的愿望"你永远不要嫁人/永远不要娶妻",见诸行动。因为他们的父母往往是这样想的,"你永远是我们的孩子,而不是某一个人的妻子/丈夫"。

父母替孩子找对象,相当于父母在延续着与孩子的连接——你所有东西都是我的。尽管父母的行为是说:我要去给你找一个对象,你应当出嫁/娶妻。而其实相当于说:你所有的事情都是我安排的,包括你身边睡什么人都是我安排的。这实际上是父母潜意识层面的"乱伦"。

当我们看到父母要为孩子找对象，对孩子的对象评头论足时，我们会发现这场争夺战往往以孩子失败告终。不过这种失败可能是短暂的，孩子按照父母的要求找了对象后，他们潜意识中的反抗力量就会爆发出来。他们会不知不觉地用各种方式来破坏自己的婚姻关系，来证明父母给他们找的对象是不对的。

人活着，实际上最重要的感觉是，"我可以自己做主"。我们要充分认识到这一点的重要性。

我要成为什么样的人

孩子大概在初中的时候，开始讨论自己的人生，考虑将来做什么，包括做什么样的职业，在某种程度上说，也就是做一个什么样的人。

我从埃里克·埃里克森（Erik H. Erikson）的理论中看到，这个年龄段的孩子需要尝试各种不同的角色，这有利于孩子最终找到自我。如果这个尝试过程被强制中断，就会带给孩子自我认同的阻滞。

自我认同的阻滞，会使得孩子的人格发生一些不利的变化，比如变得更胆小、有更多的成见、更依赖父母等。

对职业认同，很可能是对父母的认同

一个人与职业的关系，可能是他与父母关系的延续或者复制。我们对职业的认同，往往是对父母的认同，或者说是反认同派生的。如果我们与父母的连接出现中断，成年后就可能不断地选择各种职业。早年时对自我的探索越充分、越清晰，我们就越容易有清晰的职业之路。

可以说，我们和职业的关系，就是我们和人的关系。再强调一遍，我们跟职业的关系、跟茶的关系、跟物体的关系、跟细菌的关系等，都是我们早年跟人的关系的折射。比如一个有洁癖的人，他其实不是害怕脏东西，他怕的是来自人际的敌意。

卡伦·霍妮（Karen Horney）有一本书《我们时代的神经症人格》，书中专门谈到了认同——所有的关系都是由我们早年与父母的关系决定的。我们表面上似乎在探索、探讨我们自己的爱好，背后其实在探讨我们跟父母的关系。

这个世界上，实际上并没有所谓的心理问题，所有的心理问题都是关系的问题。我们的人格在关系中形成，且影响着我们的全部关系。

反认同可能是更深的认同

反认同，是指努力变得跟别人不一样。

比如，你努力变得跟父母不一样。这在我身上也非常明显，如果大家想知道我的父母是什么样子，就朝着我的样子反着想，大部分可能都是对的。之所以说大部分，是因为我在反省过程中发现，我以为我跟父母非常不一样，但是结论让我有点吃惊。我发现，我跟父母也有非常多相似的地方。

可以说，在我们跟父母的关系中，一定会有一部分是认同的，还有一部分是不认同的，认同的那部分维系着我们跟父母的精神连接，而不认同的部分可以促使我们成长。

从广义的角度来说，我们刻意地不认同父母本身就是认同的一种特殊形式，也就是说，以反认同的方式来认同。

一个来访者说："我爸爸是医生，他希望我也做医生，我实际上不是不喜欢做医生，只是不喜欢跟我爸爸一样，所以我就不做医生。"因为爸爸是医生，他不希望自己跟爸爸一样，可见他并不是直接排斥医生这个职业。这就是反认同。

努力变得跟爸爸不一样，这表示他可能在别的方面跟爸爸非常近似。如果职业再跟爸爸一样的话，他就没有自我了。所以他排斥做医生是要跟爸爸保持一个恰当的距离，不要太亲密。

我认识一个人，他高考时数学成绩满分，而他女儿在全年级数学最差。这种情况从生物学上没法解释，但是从两个人的关系上来说是可以解释的。这个爸爸不断地对自己的女儿"吹牛"："你爸爸当年是数学第一名。"而他的女儿通过反认同，"我要让数学成绩非常糟糕"，来显得跟爸爸不一样。

女儿这么做相当于给爸爸留了一个后门，"我如果数学成绩也很好的话，你可能就没机会说我了。而你说我，可以跟我保持非常亲密的关系，所以我留一个毛病，让你可以不断地说，这样我们就可以保持连接"。

可以说，女儿其实读懂了爸爸的潜意识："你最好是数学成绩不好，这样我在你面前永远有数学上的优越感。然后，我也可以一直说你，你结了婚我可以说你，你有了孩子我做了外公，我还可以说我的外孙，我们的连接就更紧密了。"

很多时候，孩子会尽一切努力来迎合父母潜意识的愿望，甚至父母希望孩子生病的愿望，孩子都会极大程度地迎合。

小结

- 21世纪最大的问题是认同，大环境的变化导致每个个体对自己的认同很艰难。
- 青春期的主要冲突之一是独立与依赖，就身体、智力和其他能力来说，青春期的孩子处在一个要独立不独立，要分化不分化的阶段。

适度的防御：
建立有滋养作用的人际关系

- 不确定自己的性别，会引起性别焦虑；不确定自己属于哪种文化或者哪个国家，会有身份认同焦虑。
- 在青春期，孩子性的意识觉醒之后，最慌乱的实际上不是孩子本人，而是父母。
- 早恋的"恋"应该改成练习的"练"，就是早点练习。

文化、权威、性别认同

曾氏语录:
- 如果在情绪上跟某个知识融为一体的时候,学好它就容易得多。
- 因为文化对人性有很多限定,我们才能够在规则的框架下发展能力,使整个社会不断进步。

文化认同

"不要让孩子输在起跑线上"是恶毒咒语

对神童的崇拜,孩子越早读书越好,越早成才越好,这就是集体潜意识的文化。不让孩子输在起跑线上,就是对这种文化的认同。

不让孩子输在起跑线上,这句话本身就是有问题的。它实际上是在暗示孩子和家长,人生就是战场,所以有输赢。那么,既然人生是战场，可以说我们碰到的所有人都是我们的敌人。

这是一种超级罪恶的暗示，已经不是错误级别的问题了。

为什么学不好外语？因为学好意味着背叛

文化认同是一个非常大的话题。虽然现在各种文化或者各国之间的交流变得非常便捷，但是每种文化都还有它的独特性。

文化认同包括语言认同。对外交流中，语言是重要的工具。每个人几乎都有学习外语的经历，有些人在学外语的时候遇到了非常大的阻力，研究后发现这不是智力问题，而是因为他们在潜意识层面排斥另一种文化，他们觉得——如果我学好了外语，就意味着对自己文化的背叛。

这点在方言中也表现得很明显。比如一些从大城市如上海回到老家的人，说的是一口上海话，老乡们会觉得"你忘本了，你是在我们面前炫耀，你是在攻击我们"。所以他们潜意识层面或者意识层面会觉得，如果使用其他语言，就意味着巨大的背叛，是会受到惩罚的，他们不敢让自己流利地说一种更大的城市的方言。

如果把这种心理过程扩大，也就不敢让自己学好另一个国家的语言。也就是说，在学外语的过程中，潜意识压抑着我们的学习能力。

普通话不标准，是缺乏情感支持

举个例子，大家听我的普通话，会觉得我发音不准，但是从我的能力来说，我的舌头、口腔、气息是可以把音发准的。只是我会觉得，如果发音标准，我就缺乏情感支持了，我的背后是空的。

这往往是很多人不敢让自己流利地说一门其他语言的原因。只不过有的人问题不严重，对语言学习的影响小些，有的人问题严重些，对语言学习的影响大些。

可见，语言与情感是相联系的，当情感支持语言的时候，语言会变得很流畅，当情感不支持语言的时候，它们是隔离的。学习一门语言，如果仅仅是学文字和声音，那么学好会有困难。我们如果在情感上跟某个知识融为一体的时候，学好它就容易得多。

也就是说，学不好什么，实际上是跟它的关系的问题。比如，数学学不好，实际上是跟数学的关系的问题；外语学不好，实际上是跟外语的关系的问题。关系搞好了，自然就能学好。

内心"无法归队"，文化认同惹的祸

在外国语学校的小语种班级，语文老师经常强调不要忽视了母语。有时候语文老师会说，你们对自己所学的外语那么认

真，为了学好小语种，专门去看电影、听歌、抄歌词等，却不像这般重视自己的母语。这种现象其实是过度地认同另一种语言，而不太认同自己的母语，不重视自己国家的语言。

一个人如果不把自己的母语学好，他整个内心世界的结构可能都不太稳定，也就是他没有一个根基性的认同，这会极大地影响他向外走。这也就是我反对过早地把孩子送出国学习的原因。初中阶段是非常重要的奠定语言系统，或者说奠定整个精神系统的阶段，是让孩子骨子里有对某种文化认同的感觉的阶段。

我见过很多人，他们在多种文化中漂泊，他们的父母一般是在世界各地做生意的商人，或是在世界各地就职的外交官员等。这样的人，给人的感觉有点飘忽，有点捉摸不定，他们身上难以发现任何一种主流文化的印记。我推测，他们自己可能也不知道，自己到底归属于哪一种文化群体，或者哪一种亚文化团体。这会带给他们一种非常难受的感觉。

认同问题一般有两种情况：过度认同和过度不认同。

认同要适度。过度认同可能制造偏执，制造人格的不灵活性，制造对其他文化的攻击；过度不认同，就会让我们不知道——我到底是谁，我从哪儿来，我属于哪个团体，等等。

文化、权威、性别认同

如何有效减少认同偏执

互联网的发展，交通和交流工具的增加，使我们变得不那么认同偏执。我们在做中国公民的同时，也时时感觉到我们是地球上的公民。反之，我们可能会偏执地认为，我们只是中国人而不是地球人。地球上的人如果都有这种偏执认同的话，可能就会制造个人、民族或国家之间的冲突。

在中国几千年的历史长河中，文化交流不断，中国文化从来都有巨大的包容力量。世界上最看重外语的国家可能就是中国，我一直高度评价这一点。从长远来看，重视外语，精通外语，可以让我们更了解别人，从而减少对外交流与合作的障碍。

有的时候，去个性化可以有效减少认同偏执。去个性化，也就是没有个性、没有自我。当一个有个性的人活着受到威胁的时候，即所谓的"出头的椽子最先烂""枪打出头鸟""木秀于林，风必摧之"，去个性化可能是一种潜意识的保护。

觉察到自己潜意识的认同，或者换句话说，把自己潜意识的认同意识化，可以起到控制认同程度的作用，使我们不那么认同偏执。

作为一个精神分析师或精神科医生、心理治疗师，会不会在自己的职业认同上也变得越来越偏执？比如，如果对所有问题都刨根究底，会极大地破坏一个人的生活乐趣，因为有很多事情我们没必要问为什么，享受就可以了。

在文化和限定中，存精华去糟粕

文化的本质就是游戏规则，是用来限定人性的，我们的文化强大、丰富，也许表示我们被更多地限定了。

弗洛伊德写过一本书《文明及其不满》，这本书实际上谈的就是文化对人性的限定。没有文化，人可能是这个地球上最坏的生物，正因为有文化，对人性有很多限定，我们才能够在规则的框架下发展能力，使整个社会不断进步。

五千年不中断的中华文明，值得我们自豪。中华文化中有很多美好的东西，比如饮食文化、绘画、书法、音乐等，对我们有非常好的滋养作用。但是人与人交往的文化中，对男女各自行为规范的文化中，也有一些不好的部分。可以说，我们被文化滋养了，同时也可能被文化"陷害"着。我们应该具备背叛文化中糟粕部分的能力。

几十年前有一个很时髦的词叫作"文化休克"。当时我们国家刚刚改革开放，有些长期处于封闭社会中的人，突然进入欧洲或者北美，在巨大的冲突面前直接"崩溃"。然而现在好像相反，很多人到中国来，觉得我们更加开放、自由了。

文化对我们来说，相当于蜗牛背上的壳，一方面可以给我们遮风挡雨，另一方面也可能是我们的包袱。我们的认同不仅仅是精神层面的，还会渗透到我们的皮肤里、肌肉里、骨头里、血液里，如果这个认同被威胁，会直接导致我们的身体反应。

| 延伸阅读 |

被限制惯了，会恐惧自由

电影《肖申克的救赎》中讲了一个在监狱里住了40年的男人瑞德。他一直在申请假释，但是都没有获得批准。有一天真的要放他出去了，他却不知道怎样过自由的日子，他说自己已经被体制化了。

体制化本身就是一个认同的过程，即向制度规定的生活认同。瑞德已经习惯了监狱的生活，因而恐惧自由的生活。

权威认同

权威认同的两种方式：认同、反认同

从心理动力学角度来分析，权威认同首先是因为恐惧。一个人投射性地认同的权威是比自己更加强大的人，认为认同权威后，他就不会攻击自己。这是一种典型的保护自己的方式。

进一步探究，对权威的认同实际上也来自对权威的攻击。

这是一个投射的过程——我投射性地认为你是权威，我对你不服气，我又害怕对你的不服气导致你对我的反击，所以我通过认同你，让你没办法攻击我。

在对待权威上，一般有两种方式：一种是认同或者阿谀奉承；一种是反认同，凡是权威都反对，只要是权威就打倒，实际上是一种变形的对权威的认同。

比如，有人投射性地认为我是精神分析领域的权威，但在我们讨论某个话题的时候，我说的任何话都会遭到他的反击，他在内心就是通过攻击来认同我。

通过攻击来表达认同，或者是来实现认同，就是反认同。反认同等于认同。或者说，不认同是认同的一种方式，攻击是阿谀奉承的一种方式。

反认同是一种更深层的认同方式。因为自由需要我们自己为自己承担责任。如果一个人的人格发展得不好，承担责任对他来说就是一件非常困难的事情，而听从权威是更加安全的状态。这可以说是在逃避责任。可见，逃避责任和逃避自由几乎是同一回事。

一个惊心的实验：对权威的认同

假如找一个志愿者来做一个实验，看看通过惩罚能否让一个人好好学习。志愿者到达实验地点，面前有很多按钮，一个显得很权威的人告诉他实验内容：这些按钮是控制电压的，从45伏特开始逐步增加，等下会让另一个人读单词，如果他读错了，你就按开关对他实施电击惩罚；他的错误越多，你惩罚他的电压就越高。

结果发现，只要是这个权威的人用权威的语气命令志愿者的时候，志愿者就会对读错单词的人实施很重的惩罚，即使志愿者不这样做也没有关系。也就是说，权威的人的一个小小的命令，很可能让人对他人实施非常残忍的惩罚。

很少有人会因为自己的良心过不去对权威说不，很少人会质疑对这个人的惩罚太大，他只不过是念错了单词而已，为什么要受到如此的惩罚？这可以解释希特勒为什么可以让那么多善良的人做那么残忍的事，就在于服从权威。

用权威认同还可以解释为什么这个世界上会出现大规模的屠杀事件。实际上，真正坏的人是少数，但是有很多正直善良的人，他们在坏人的权威下做了坏事，因为权威认同成为坏人的帮凶。

| **延伸阅读** |

权威认同与文化认同：毒打孩子，责任谁来担

当看到一个爸爸打孩子的时候，我们内心会非常反感这个爸爸。但是如果我们深入了解，他自己作为孩子的时候，很可能也被父母痛打过，所以这是一个"罪恶链"。所谓罪恶链，也就是整个家族、整个体制来为某件事情负责，而不是这个链条中的某一个人来承担责任。

父母是权威，父母有权打骂孩子，孩子不能反抗，这就是权威认同。棍棒底下出孝子，父母打孩子是天经地义的，是家事，这也是一种文化认同。这与中国几千年的专制文化有关。

在专制文化中，皇帝就是最大的"父亲"。在一个家庭里，虽然年长的男人是父亲，但是这个年长的男人永远都生活在皇帝这个更大的父亲的阴影下。可以说，这个年长的男人可能没长大，他自己还是"孩子"，就承担了父亲的功能。

性别认同

性别认同的影响力

我们在填表介绍自己的时候，首先是姓名。姓名非常重要，因为它涉及认同。比如父母给孩子取的名字中有生僻字的话，

孩子以后可能变得比较退缩，因为他可能会认同这个生僻字，像这个生僻字极少出现在文字表述中一样极少展现自己。

除了姓名外，我们要填的第二项往往是性别，是男的还是女的。一个男人如果过度认同自己是男人的部分，可能某些时候会欠缺所需要的谨慎、细腻、温和、耐心等。一个女人如果过度认同女性特征，可能就会欠缺应该有的坚毅、果断、胆大等，她最适合的职业也许是照顾别人。

我们如果看看那些有所成就的人，不管是男人还是女人，就会发现他们同时具有男性和女性的优秀人格品质，而且他们的这些品质具有非常大的灵活性。

有一个医生做了很多例变性手术之后，变得有些抑郁，因为他觉得自己这样做是改变老天当时的设计，有点逆天而行的味道。当然，选择变性的人也非常痛苦，他们作为男性出生，却一直认为自己不是男性，而且长期处在这种迷茫的状态中。这种认同，或者说不确定的认同，实在让人觉得糟糕。

青春期，有些女孩想变成男孩，或者男孩想变成女孩，有这样的想法而不见诸行动，是可以理解的。但是如果想法比较强烈，可能是在早年与父母的关系中形成的。

举个例子，有一个女高中生，长得很丰满，她为自己是女人感到耻辱。因为她爸爸总是在她面前攻击她妈妈，说她妈妈是一个糟糕的女人，在外面勾引男人，所以她为自己身上能够吸引男人兴趣的部位感到羞耻，她希望自己变成男人。她的理想是读大学后赚很多钱，然后把自己的乳房切掉，把自己别的部分也同时变成男人。当然，这个个案，还涉及她对妈妈的不认同。

排除疾病原因，一个女性让自己变得非常胖，或者骨瘦如柴，其实可能是在散发一个信息——男人不要对我感兴趣，因为我不足以吸引你。低等动物都会利用自己的身体信号发出信息，吸引异性，以利于交配和繁殖，人这种高等动物也不会放弃这种方式。那么，一个人不让自己使用这种方式，本身就是压抑的表现，是性别认同问题。

中年男女往往开始发胖，其实与性别认同也有关系。这意味着：我到了中年之后，自己的性魅力和功能应该消退，而让自己长胖，就可以达到这种目的。

女性认同比男性认同曲折

女性在性别认同方面的发展比男人要曲折，这是因为女性的情感反应比男人要细腻。

刚开始的时候，女性是跟母亲认同的，然后为了社会化，为了有更多的自我功能，她开始向父亲认同，也就是知道除了妈妈外还有另一个人。到了一定的年龄,比如青春前期,她就会折回来再认同妈妈,使自己越来越像一个女人。如果这个过程很顺利,以后在这方面就不会有太大的问题。

但是前文的案例中,这个女孩在从妈妈认同分开,转向认同爸爸之后,她就回不去了。因为她爸爸强烈地攻击她妈妈,所以她停留在跟爸爸的认同过程中,她希望自己变成男人。

男性的认同与女性的认同不一样,男性小时候跟妈妈认同,然后转过来认同爸爸,就不需要折回去,而是一直这样认同下去,他就可以做一个适应性比较好的男人。

当然,我们不需要强调男女之间的差别。如果过分强调男女之间的差别,很可能就会制造男女之间的战争。

小结

- 有些人在学外语的时候遇到了非常大的阻力,研究后发现不是智力问题,而是他们在潜意识层面排斥另外一种文化。
- 偏执认同,可能会制造个人、民族或者国家之间的冲突。
- 对权威的认同实际上也来自对权威的攻击。
- 低等动物会利用自己的身体信号来发出信息,吸引异

适度的防御：
　　建立有滋养作用的人际关系

性，以利于交配和繁殖，人这种高等动物也不会放弃这种方式。不让自己使用这种方式，本身就是压抑的表现，是性别认同问题。

第10讲

防御机制——自我功能抑制

曾氏语录：
- 一个人数学学得不好，可能并不是智力有问题，而是他应用了某种防御机制，压抑了自己的数学能力。
- 人类经常做的一件傻事，就是给自然而然的东西赋予一些非自然的意义，把来自一个人内心天然的动力，变成来自外界强加的。

你可能是被"自我功能抑制"耽误的

决定能力的往往不是智力

有一种重要的、有趣的而且很常见的防御机制，叫作自我功能抑制。那么，什么是自我功能呢？自我功能，也就是一个人能搞定该搞定的事情，包括生活、学习、工作、人际交往等的能力。

很多与能力有关的事情，在我们通常的认识里，会觉得它们跟智力有关，或者说跟人先天的大脑结构有关。但是，如果深入理解就会发现这些事情可能跟大脑结构和智力没关系，而跟人格有关系。大约只有5%与能力有关的事情，是跟智力有关的，其他95%与能力有关的事情，都跟自我功能抑制有关。

比如，一个人数学学得不好，可能并不是智力有问题，而是他跟数学的关系有问题，或者是跟数学老师的关系有问题，或者是他应用了某种防御机制，压抑了自己的数学能力。

自我功能抑制产生的原因

自我功能抑制，大多是因为把自我功能降低到本能层面，超我对本能进行打压，自我功能丧失。假如，孩子看到了一些不应该看到的成人之间的性活动，或者比较残忍的画面，像飞机的空难现场、地震的现场，因为这些对他的视觉冲击太大，所以他需要关闭自己的视觉，使自己不要受到太大的刺激。这就是自我功能抑制。

精神运动性抑制

精神运动性抑制，意思就是在某种愤怒的情感冲击之下，因为害怕自己因为愤怒而攻击别人，比如打别人，于是就让自己浑身无力，特别是用于攻击的手或者脚没有力量。

实际上，这在我们生活中有非常简单的表达，比如"我气得全身无力"。也就是说，我害怕我的愤怒变成对别人的攻击行为，所以我潜意识里让自己变得浑身没有力量，这样我就不会强力攻击别人了。

精神运动性抑制与癔症有一定的关系。癔症有两个典型的症状：一个是转换症状，另一个是分离症状。实际上，精神运动性抑制就是癔症的转换症状。也就是说，癔症本来是一个人的心理或者情绪问题，他却无法用一般的表达情绪的方式来表达，只能通过让自己的身体出现一些状况来表达。

精神运动性抑制是让人停留在虚弱无力的状态，如果这种状态进一步发展，就可能导致躯体的瘫痪，也叫心因性瘫痪。

| 延伸阅读 |

打人，是因为攻击性不能用象征化方式表达

如果我们的攻击性不能象征化地用语言来表达，我们就只能用行为来表达。这是一种退行的防御机制，是退行到用行为来表达爱恨情仇的程度，比如打人。

突然瘫痪的右手

有一个画家准备举办一次国际画展。在离画展还有两个星期的时候，他的右手突然瘫痪。做了各种各样的检查，都没发现有什么问题。

医生说："你应该去看看心理医生。"这个画家说："我有什么心理问题呢？我觉得我自己挺好的。情绪既不抑郁、不焦虑，也不强迫，为什么我要去看心理医生呢？"

但是过了好长时间，这个问题都没解决。他撑不住了，就去看了心理医生。心理医生对他说："你如果成功地办了这次画展，可能让你觉得自己攻击了同行或者亲人，所以你害怕自己这样的成功，于是通过把自己心理上的攻击性转换成躯体的症状，让你手臂瘫痪，使你不要成功地举办这次画展。"

这个画家仔细地体会了心理医生的解释，一段时间后，瘫痪症状突然就好了。

从防御机制上来讲，这个画家可以说是将攻击转向自身，只是他不是让自己出现抑郁情绪，而是用一种转换症状——躯体的瘫痪或者乏力，替代了情绪低落。

忽然停止的呼吸

有一个来访者，他会突然暂时停止呼吸，但是各种各样的检查都没有发现任何器质性的问题。在这种情况下，我们就需要考虑是不是心因性的问题，即由心理因素所导致的躯体疾病。

我高度怀疑，这个来访者是精神运动性抑制。因为呼吸是一种自主的神经系统活动，如果我们内心的愤怒无法恰当地找到出口，它就会转向自身，变成躯体的症状。我相信通过一段时间的心理治疗可以找到他忽然停止呼吸的原因，以及治疗好他的病。

口吃

电影《国王的演讲》中，口吃的国王小时候是有很多创伤性经历的。

心理动力学对口吃的解释是：一个人如果觉得自己流畅表达后的愉悦感是某种性欲的满足，或者说流畅感制造了对他人肆无忌惮的攻击，为了回避愉悦感或者攻击，他就会让自己说话变得结结巴巴，这样他的愉悦感和攻击的肆无忌惮的感觉就会减少，从而减少他的内疚感。

如果一个孩子被妈妈或者他人过度关注，这些关注就像刀子一样会把他所说的话切割成碎片，他就会变得口吃。

所以，口吃是关系的问题，或者说是关系中的心理动力学的问题。为什么有些人说话的时候口吃，但是唱歌的时候不口吃呢？因为歌曲或旋律本身具有把各个词黏合在一起的特殊功能。旋律是不会被关注力切断的，但是语言会。

另外，为什么着急的时候比不着急的时候更容易口吃呢？

着急的时候，有太多攻击性，所以不能让语言顺利地流出去。因为这会对他人制造巨大的伤害，可能会有不可收拾的后果，所以通过转换将这些攻击性向内。攻击性向内后，破碎的语言就会变得更加破碎。

一个人可能不口吃，但是他说话的流畅程度不够，比如在他的话语里，情感的连接性不够通畅，也属于说话的自我功能抑制，只不过程度不如口吃严重。

说话声音太小

有的人说话，感觉要把耳朵贴到他的嘴边才能够听得清楚；在一些小组的治疗活动中，有些人说话越说声音越小。对这样的现象的心理动力学解释是：当一个人把说话的音量，跟他从事与性有关的活动时的音量等同起来的时候，他的超我自然就会让他不要把声音弄得太大，因为这样别人会听见。

有一个男性成员，在小组里说话的声音越来越小，于是我就很大声地对他说：实际上，你说话可以声音大一点，因为说话不是叫床。在他对此有所领悟之后，他说话的声音越来越大，并且一直都保持说话声音很大的状态。

我给他的解释，实际上是把他的潜意识意识化。他的潜意识认为，"我说话声音大，就像在从事性活动时弄出太大的声音，这样会让别人知道"。把他的潜意识意识化，他的超我就难以对他这种状况进行打压了。

阅读障碍

我们从孩子身上可以感觉到，他们刚识字，且知道某一个文字是什么意思的时候，可以获得极大的快乐。有很多成人保持了良好的阅读习惯，实际上是因为小时候就能够从阅读中获得很多的快乐。

但是在临床中，我碰到过一些孩子或者成年人丧失了阅读功能。有一个26岁的女孩告诉我，她从初中时就开始出现这样的问题：一道应用题，所有的字她都认识，但是这道应用题说了什么她不知道；一段语文课文，每一个字她都认识，但是她不知道整段话说的是什么意思。

我们对这类情况的心理动力学解释是：如果理解了整段话的意思，就表示满足了自己某种被禁忌的性的欲望，而这是超我不允许的。

记不住别人的名字

我调查过很多人，他们都觉得自己很难记住别人的名字。比如两个人反复见面，但就是不知道对方叫什么名字。这可能会导致一些内疚感、羞耻感，或者其他人际关系中的问题。

心理动力学对记不住别人名字的解释是：一个人如果记住了别人的名字会有很多好处，比如有更广的人脉，在遇到麻烦的时候有更多人帮助他，但是他觉得自己不配，所以关闭了记住他人名字的能力。

我曾经向好几个记不住别人名字的人这样解释：你实际上比那些能记住别人名字的人，在对名字的处理上多做了一道工序。那些能记住别人名字的人，他们记住了就记住了，就像在黑板上写下了对方的名字一样。但是你们不仅在自己大脑的黑板上写下了对方的名字，而且还把这个名字擦掉了。你比别人多做了一道工序，这道工序叫擦掉或者遗忘。

认可这样的解释，并且领悟之后，他们发现自己记忆别人名字的能力大大地提升了。

这个解释实际上是给这些人一个暗示：你在记住这个人名字的同时，也在盯着这个名字并要把它擦掉。这其实让他们对名字做了两道工序，只不过把他们潜意识中的那道工序上升到了意识层面，相当于让他们两次接触了这个名字，所以记住别人名字的可能性就会大大增加。

有人可能会说，这是催眠暗示的方法。我完全同意这种说法。我和我女儿有过这样一次互动。有一次她说："爸爸，这个单词我记不住。"我说："好吧，你看着这个单词，你把它忘掉。"她看了半分钟，说："爸爸，忘不掉。"

我是把她潜意识中的第二道工序，也就是忘记这个单词的过程，从潜意识变成了意识。我主动要她忘掉，她说忘不掉，也就是记住了。

所以那些容易忘记别人名字的人，其实具有更好地记住别人名字的能力，只不过这种能力被压制了，这属于自我功能的抑制。

同样，没有方向感也是一样的道理。一个地方去了十次，还是不知道怎么走。这样的人对方向的记忆力往往比别人更好。可以这么说，那些去一个地方一次就能够记住正确道路的人，只不过是在五条道路中记住了其中一条正确的。而没有方向感的这类人，每一次都是在五条道路中记住四条错误的，他们的记忆力至少是那些记住一条正确道路的人的四倍。假如去那个地方不止五条道路，而你每次都走错的话，那你的记忆力就比那些能够记住唯一正确道路的人,要好太多太多了。

| **延伸阅读** |

记忆和情绪有关系吗

情绪是受攻击驱力和性驱力影响的。攻击驱力和性驱力与自我功能有千丝万缕的联系,而记忆是自我功能的一种,所以我们的情绪影响到自我功能,然后影响到自我功能的一部分——记忆。

情绪影响记忆还有一个证据,一件愉快的事情,我们可能会记很长时间。但是一件让我们觉得有点羞耻的事情,就会出现两种完全不同的状况:一种是完全忘记,一种是对这种事情的记忆比愉快的事情还要久远。

可见,刻骨铭心很多时候往往是针对非常悲伤的事情。从精神分析的角度对刻骨铭心解释是:严重地影响自我功能的情感体验。

同样,在情绪激动的时候,口吃会变得更加严重,这也是情绪对自我功能的直接影响。

简单的加减法也不会

一个人的自我功能抑制,也可以表现为智力的下降。我们都知道，有很多人非常聪明，但他们就是数学成绩不好。

我的一个学员，她是学西方哲学的。在哲学及其相关的领域里表现出非常好的智力，但是当我问她多少岁的时候，她突然显得有点犹豫。她说："我不知道我多少岁，但是我告诉你，我是1975年出生的。"我当时觉得很奇怪："2021减去1975不就是你的年龄了吗？"她脸上露出非常恐惧的神情，说："我不会这样的加减法。"

她还告诉我，她从小学的时候开始，数学成绩就不好，超过两位数的加减法，她都没有办法通过心算来得出正确的结果，数学成绩永远是班上最差的。数学成绩成了她的噩梦，只要一说"数学"两个字，或者是上数学课，她就处在高度焦虑状态中。

另外，买菜时找多少零钱这样的事情，她也无法心算。她去买菜的时候，一定会带一个计算器。

我对她说：对你来说，也许算出来一道简单的数学加减法，相当于突破了某种不能突破的禁忌，所以你关闭了自己的数学功能。因为跟这个学员接触的时间比较短，所以我不知道这个解释对她有没有作用。但是我相信，把她被压抑了的数学能力，通过精神分析的解释技术挖掘出来,她会比他人有更强的数学能力。

总是不讨人喜欢

有一句话被很多男孩奉为箴言:女孩说"不"的时候,心里一定是在说"是"。所以,有些男孩追求女孩,在女孩坚决说"不"的时候,他们可能还穷追不舍显得有些赖皮。

实际上,女孩也有说"不",内心想的也是"不"的时候。此时如果男孩仍然认为女孩内心的想法是"是"可能会导致与女孩的交往问题,或产生关于现实判断的自我功能抑制问题。

比如,有些男孩在和异性交往的过程中已经处于这样的境地:只要他们到任何有女孩的场合,那些女孩一看到他们,就全部作鸟兽散,都离开了。但是由于这些男孩的现实判断能力降低,他们会把女孩们对他们的厌恶,理解成女孩们非常喜欢他们,所以他们会保持自己这种不讨人喜欢的样子而不改变。

适应能力非常差

一般人都具有适应环境的能力,但是有些人适应环境的能力非常差,为什么?

比如,一个人从农村来到城市,他们跟城市生活格格不入,以至于几年或者十几年下来，他都会保持在农村生活的状态。他本来具有适应城市生活的能力，只是被他压抑了。

更典型的例子也许是那些出了国，但是永远都待在唐人街的人。虽然他们在国外待了很多年，但几乎不会说英文，他们永远使自己处在一个只说中文的环境里，封闭了自己有可能适应更广阔的社会环境的能力。这种自我功能抑制，如果给它取个更加具体的名字，可称为自我可塑性下降。

有的人相信他人的可塑性下降，也就是说：我不相信我具有改变他人对我的态度的能力。

两个女孩一起进入同一家公司，若干年之后，一个女孩还留在原地，另一个女孩节节攀升，有了更高的职位和更多的收入。那个一直留在原地的女孩会对其他人说，那个节节高升的女孩之所以能够这样，是因为她适应了潜规则，用不正当方式获得了提拔。显然，这个一直都没有升职的女孩处在一种相信他人不可改变，除非用不正当手段的状态。

随意的关系才有性快乐

一个女孩认为，自己只有与在随意的场合和时间认识的男人发生性关系时才有快乐。比如和酒吧或者街上遇到的男人发生关系，才能有足够的性满足。如果让她循规蹈矩地跟一个男

适度的防御：
建立有滋养作用的人际关系

人约会，她就觉得一点乐趣都没有。

为什么会这样呢？很可能是这个女孩成长的家庭环境非常单一和枯燥，缺少情感的交流，缺少弹性和变化，所以她会觉得如果跟一个男人的关系也循规蹈矩地发展，相当于还停留在小时候的状态，跟爸爸妈妈没有分开。因此，她需要通过大尺度地突破规则，来实现自己跟原生家庭的分离。

从这个角度而言，如果我们小时候处在某种不健康的环境中，长大后可能就会通过跟这种不健康的方式完全相反的另一种不健康的方式，而不是恰当的方式，来满足自己的需要，或者是获得自己的独立性。我们应该为孩子提供什么样的成长环境，可能是每个家庭都需要思考的。

厌恶学习，厌恶工作

有的人初中和高中的时候学习非常勤奋，但是上了大学之后就不喜欢学习了，主张 60 分万岁。对此，心理动力学的解释是这样的：一个人当年如此认真地学习，是因为家里的要求。长大后，就厌恶学习甚至厌恶一切正经的事情，包括厌恶工作，实际上都表示他要远离那个家庭。所以父母过度地在孩子小时候强调学习的重要性，可以说是为孩子以后厌恶工作做精心的准备。

可见，要破坏一个人对某件事情的兴趣，我们可以不断地对这个人强调这件事情的重要性。人类经常做的一件傻事就是，给自然而然的东西赋予一些非自然的意义，把来自一个人内心的天然动力，变成来自外界强加的。

假慈悲

自我功能的抑制，会导致判断力的下降。

一个犯罪分子的罪恶已经到了十恶不赦的程度，然而还是会有一些人同情他，认为这个人也是可以改变的。这就反映出一种虚伪的天真和慈悲。

对此，心理动力学的解释是：如果判断一人十恶不赦，就表示是对这个人巨大的攻击。所以，他们反向形成式地让自己对这样的人充满同情。其实，这是无视客观事实。

小结

- 大约只有5%与能力有关的事情，是跟智力有关的，其他95%与能力有关的事情，都跟自我功能抑制有关。
- 一个人有心理或者情绪的问题，他没有办法用表达情绪的方式来表达，只能通过让自己的身体出现一些状况来表达。
- 如果攻击性不能象征化地用语言来表达，就只能用行为来表达，这是一种退行的防御机制，退行到用行为来表达爱恨情仇，比如打人。
- 自我功能抑制，大多是因为把自我功能降低到本能层面，超我对本能进行打压，自我功能丧失。

防御机制——退行与升华

曾氏语录：
- 在网络游戏里，人会有一种无所不能的控制感，这可以弥补他在现实中的无力感。
- 一个人越能把本能的驱力升华或者象征化，就越能活得有成就感和幸福感。

退行，不成熟的防御机制

退行是弗洛伊德提出的心理防御机制，是指人们在受到挫折或面临焦虑、应激等状态时，放弃已经学到的比较成熟的适应技巧或方式，而退行到使用早期生活阶段的某种行为方式，以满足自己的某些欲望。这种防御机制在生活中很常见。

可以说，退行是一种不成熟的心理防御机制。比如人的心理已经发展到比较高的俄狄浦斯期，但是在遇到某种创伤的情况下,退回到比俄狄浦斯期更早的口欲期和肛欲期。

经历地震灾难的人对烟和酒的消耗量大大增加。从精神分析的角度来看,经过地震这样的创伤性事件,他们可能会退行到用口腔满足他们的欲望,以及用口腔与外界联系的阶段。因为早年,我们是通过口腔与妈妈进行连接的,具体来说就是用嘴唇与妈妈的乳头连接。

生活中的退行表现

生活中,我们有时候看到一个本来已经很成熟的人突然变得很幼稚,表示他退行了。有这样一个玩笑,说如果一个女人把自己的发型弄得比她实际年龄年轻十几岁的话,表示她经受了精神刺激。

生病也可能是一种退行的方式。

进食障碍是严重的退行,包括神经性厌食症、神经性贪食症,还有肥胖症。神经性厌食症是少数可以造成死亡的身心疾病。

经典歌曲《昨日重现》(*Yesterday Once More*),是卡朋特乐队演唱的歌曲,卡朋特乐队由著名的歌手卡伦·卡朋特(Karen Carpenter)与她哥哥理查德·卡朋特(Richard Carpenter)组成。令人惋惜的是,卡伦·卡朋特就是因为神经性厌食症去世的。

进食障碍的发病原理是：早期阶段的一些创伤隐藏在某个地方，到了青春期或成年之后，因为没有足够的恢复而退行，或者固着到口欲期，于是就产生了严重的口欲期问题。

进食障碍是一种治疗难度很大的疾病，门诊的个体治疗基本上没有什么效果，需要住院进行综合治疗。综合治疗包括精神分析的个体治疗、小组治疗、家庭治疗、行为主义治疗、艺术治疗，甚至药物治疗等。即使进食障碍被治好，患者还有复发的可能性，也就是说一个人一旦患上进食障碍，他可能终身都要与吃和不吃的欲望做斗争。

有一些文学作品，像杰克·伦敦（Jack London）的小说《热爱生命》，斯蒂芬·茨威格（Stefan Zweig）的小说《象棋的故事》，都描写了一个人在非常恶劣的情况下产生退行的例子，具体来说就是退行到口欲期或者肛欲期。

一个人退行到口欲期的具体表现是过度运用嘴巴，包括吃、喝，以及过度言说，而且说的内容可能空洞无物，对他人可能会导致伤害。我们都有这样的经历，他人没有对我们实施暴力，但是他们不断地说，把我们说得心烦意乱。从内心或者关系的角度来讲，退行到口欲期就是对周围的人或事物有过度的依赖，即有婴儿对母亲般的依赖。

一个人退行到肛欲期，他在人际关系中的表现是过度控制。

《象棋的故事》和《热爱生命》里讲的两个男人，在经历灾难性的事件之后，变成了对环境过度控制的人。不过，他们的心理发展阶段已经到俄狄浦斯期——对环境没有那么多控制，而是对自己有过多的控制。

别硬撑着，让有限退行帮助你

（1）有限退行是心理治疗的基础。

心理动力学取向的心理治疗必须建立在来访者有一定程度的退行之上。如果来访者没有足够的退行，那么心理治疗是不可能起作用的。也就是说，一个人如果硬撑着，他总是认为自己对自己的分析可能比治疗师更高明，他到治疗师那儿去不是因为自己弱小而寻求一个更加强大的人的帮助，而是去向治疗师展示他自己对自己的分析比别人对他的分析更加清楚明白。这样的来访者是不可能被精神分析治疗的。

所以，一个精神分析师在跟来访者初次打交道的时候，任务之一就是要促进他有限地退行。

曾经有一个比我大十来岁的位高权重的男性想找我做心理治疗，他说他不愿意到医院来找我，而要在咖啡馆里跟我谈话，我坚决地拒绝了。因为我觉得他不愿意到医院来找我，就表示他不愿意退行，在这种情况下给他做治疗，不会有效果。

最后经过协调，这个来访者还是来到了我的治疗室，不过他是穿着网球服、网球鞋，拿着一个网球拍走进我的治疗室的。他一进来，就把网球拍放在我的桌子上，对我说："我顺便来看看你。"

我听了之后的反移情就是他没有把我当回事。一个来看心理医生的人如果没有把心理医生当回事的话，直接等于他没有把自己的问题当回事，更严重地说，他根本就没有把自己的内心世界、精神生活当回事。

坐下后，他当着我的面分析他自己，显得他对自己分析得很清楚。但是我们都知道，如果他真的把自己分析得很清楚，他就不会有那么多的人生困扰和情绪方面的问题。而且，他穿着如此随意的衣服，以及告诉我他是顺便来看看我，这本身就是一种对治疗的忽略或者阻抗。

跟他聊了差不多40分钟后，我对他说："你的情绪问题实际上非常严重，我希望你能在我这儿做一个短程的，不超过40次的精神分析治疗。"他叹了一口气说："唉，哪有这个时间啊。"也许因为他的年龄比我大，他无法在我面前退行，但心理治疗必须在有限退行的状态下才能进行。

（2）有限退行是为了更好的进步。

有一个女学员告诉我,她老公一年365天,肯定有一个星期的时间会感冒,在感冒期间,他不下床。其实她老公的感冒症状不是太严重,但是除了上厕所,他都在床上待着,而且还要她端茶送水。

这个女学员问我:"一个大男人像女性来月经一样折腾几天,到底是好事还是坏事?"

我说:"如果他一年中仅仅7天是这个样子,其他时间都生龙活虎,该干吗就干吗,为什么不可以呢?如果你认为不可以,那就让他把这一个星期的糟糕状态平均分配到一年中的其他日子,变成一个一年到头都萎靡不振的人,你觉得这样可以吗?"

她说:"那我宁可他一年中只有7天短暂的、程度比较高的退行。"

我说:"我也觉得这样更好。"

可见,有时候退行是为了更好的进步。

有些成年人把自己的业余时间都花在网络游戏上,这实际上是一种典型的退行,因为相对于丰富多彩的现实世界,网络游戏的空间毕竟是比较狭隘的。而且网络中有很多事情都是自己说了算，在网络游戏中，人会有一种无所不能的控制感，这可以弥补他在生活中的无力感，或者说他对现实生活把控上的无力感。

现实生活中，有很多不同的人、不同的事情，需要我们有足够成熟的自我功能去处理。如果自我功能不足以处理这些事情，我们就会让自己沉溺于比较狭隘的网络空间，在里面享受自己是国王一样的无所不能的感觉。这在某种程度上是巨大的退行，甚至已经退行到婴儿期。

需要解释一点，在一切行为中，可能包括好几种防御机制的综合应用。比如，整天玩游戏可能是退行，可能是攻击性的转移，可能是对现实的否认，也可能是对爱恨情仇的隔离，还可能是对现实中其他人的攻击性的见诸行动。

促进有限退行的技巧

（1）把窗帘拉上。

关于退行，有一件趣事。有一次我去上海，见到一个女性治疗师，我们是很好的朋友，我对她说："我上次到上海，没跟你打招呼，对不起啊！"她说："你到上海来不用跟我打招呼，因为我的病人会去听你的课，我自然就知道了。有一次我的病人去听了你的课,当他再次进入我的治疗室,直接走到窗户边把窗帘拉上,一边拉一边说光线太强,不利于退行。"

(2)治疗师的躺椅。

治疗师的躺椅,在精神分析中是有象征性的。来访者躺在躺椅上,治疗师坐在来访者后面,这样治疗师可以看到来访者的一举一动,而来访者看不到治疗师。弗洛伊德认为,治疗师这种隐身的状态,也就是来访者看不到治疗师的状态,是可以促进退行的。

躺下来是可以促进退行的。只要是住过学生宿舍的人可能都有这样的经历:在学校强制性关灯之后,大家可能还会谈很长时间,这时候谈的内容可能跟理性关系不大,更多的是情感层面的。

所以从临床角度来说,如果一个来访者过度理性,满脑子都是学术术语、哲学思想,让他躺下来也许可以促进他的退行,他情感深处的东西可能会流露出来。

(3)我绝不去关那扇门。

一个男性治疗师,40岁左右,他的一个来访者是位高权重的人。两个人一起进了治疗室,坐下来后,发现门没有关,男治疗师率先说:"你觉得我们是开着门谈比较好,还是关着门谈比较好?"60多岁的来访者看看那扇门,说:"我觉得还是关着门谈比较好。"男治疗师说:"我也觉得关着门谈比较好,但是我绝不去关那扇门。"

对这个60多岁的来访者来说,几十年来,可能没有任何人敢对他用这种口气说话。他盯着治疗师看了几秒钟,最后站起来去把门关上了。

这是一个意味深长的举动,治疗师以对待其他来访者的方式,对待这个在治疗室外位高权重的来访者,就把他拥有的地位和权力关在了门外。他们之间的关系变成纯粹的医患关系,使治疗师获得了能够帮助这个来访者的能力。

我们不妨仔细体会一下:这个来访者在外面的确是位高权重的,但是在他心里一定有一个没有长大的孩子,否则他不会寻求治疗师的帮助。他是不知不觉地带着他的权力和地位,进了治疗室。

如果他一直带着权力和地位,那么治疗师就无法帮助他。治疗师用谁关门这种方式显示了自己内心的强大。虽然这个来访者60多岁的自己会觉得受到了冒犯,但是他内心那个长不大的自己会觉得:我终于找到了一个强大到足以使长不大的我长大的治疗师。

过度退行可能会让治疗中断

有限退行是心理治疗的基础。但是，如果来访者过度退行，也可能对治疗造成很大的干扰。过度退行是指来访者无法维持与治疗师之间成人与成人的关系。比如，来访者在治疗师面前过度地撒娇。

此外，当一个人面临一些没有办法解决的现实冲突、人际关系问题的时候，他可能会过度退行，即退回到自己的早年。这种人的常见做法是：随便碰到一个什么人，或者是在跟朋友聚会的场合，一开口说的就是自己过去如何。话说"好汉不提当年勇"，"好汉"应该能够面对现在的冲突，而不是永远把注意力放在自己曾经的辉煌上。

我的个别来访者，他们在我面前过度退行，表现得永远都像四五岁的孩子，可能是因为我自己对这种关系控制得不太好。我尽了很大的努力，还是不能使他们从过度退行的状态中走出来，所以，最后的结果可能是治疗关系中断。

| 延伸阅读 |

分辨来访者的心理发展阶段不是件易事

当一个来访者出现在我们面前的时候，如何分辨他究竟是心理发展已经从比较高的阶段退行到比较低的阶段，还是他本身就处于比较低的心理发展阶段？

有一次我们讨论一个案例，由一个德国的治疗师做督导。我们花了很长时间争论某个来访者究竟是发展到了俄狄浦斯期后再退回到肛欲期，还是一直在肛欲期，没有发展到俄狄浦斯期。最后的结论是：这个来访者有一部分发展到了俄狄浦斯期，但是也退回来了一部分；还有一部分心理状态仍然在肛欲期，根本就没有走出来过。

要分辨来访者处于哪一个心理发展阶段，需要对来访者的整个生命历程进行详细的了解。有时候，真的难以分辨。不过从具体的治疗来说，治疗师有时候不需要分辨得太清楚，就像一个人是从房间出去之后再回来，还是他根本就没有从这个房间出去过，实际上从当时的状况来看都是一样的，即他此时此刻还待在这个房间里。

升华，成熟的防御机制

有人说，升华是唯一成熟的防御机制。

我不太喜欢成熟的防御机制和不成熟的防御机制这样的分类方式，我更愿意说神经症性的防御、非神经症性的防御。因为成熟和不成熟有褒贬的味道，给人一种感觉：好像不应该使用这样的防御机制，如果使用了这样的防御机制就表示不好。我更愿意描述防御机制本身，而不愿意对防御机制做出成熟或者不成熟、好的或者坏的这样的评论。

升华和象征化在很大程度上是一回事。升华是把原始的攻击性或力比多上升到更高的水平，自我完美地解决本我和超我之间的冲突，并且能够与社会保持和谐。在弗洛伊德眼里，所有艺术形式都是升华的表现。

有的孩子拉大便之后，如果没人管他，他会玩大便，有时候可能还会把大便放到自己的嘴巴里。弗洛伊德解释说，大便是孩子这辈子制造的第一件艺术品，因为自恋，所以他想跟这些大便保持比较密切的联系。

我们再来看看孩子小便之后的情形。有的孩子会用脚把小便拨开，让他的小便占据更大的位置，这也是满足自恋的一种形式。这样的欲望在成年后会升华成买更大的车子、住更大的房子。成年后拥有的这些东西，实际上是一个人婴儿时期欲望的放大，本质上它们是一样的。

有人会说，唱歌是力比多声音方面的升华；当外科医生是杀人欲望的升华，本来想直接在人身上捅刀子造成这个人的死亡，但是外科医生在病人身上动刀子是为了拯救病人的生命；当兵或者当警察是攻击欲望的升华；做心理医生是偷窥欲望的升华，因为心理医生可以听到别人很多秘密，尤其是做精神分析治疗的治疗师，探索的是人类心理世界最深层的部分；画家是涂抹大小便欲望的升华。

对一个社会来说，如果足够正义和公平，大家都能在升华或象征层面来表达攻击性，就是文明的社会。一个社会如果要通过暴力、战争、监禁等方式来表达攻击性，就是不文明的社会。

阅读，力比多和攻击性的双重升华

阅读是被社会认可的升华方式，是力比多和攻击性的双重升华。"书中自有颜如玉"，意思是说在阅读的时候，有与性有关的快感。某些自我功能不好的来访者，会把他们阅读的快感隐隐地等同于性的快感，所以他们会得一种叫作"阅读不能"的疾病。很多孩子很小的时候就养成了阅读的习惯，这实际上是把他们愉快的注意点从自己身体的某一部位转移到了精神愉悦上。

有一位朋友，她最大的快乐来源就是阅读。如果让她在昏暗的路灯下等人，等人的过程中她一点都不会焦虑，因为她可以拿着一本书阅读。她到某个城市去讲课，业余时间她一般都去逛新华书店，每到一个城市她都会买很多书带回家。

通过阅读，我们可以获得更多的知识。对知识的占有，在象征层面和对土地的占有、对异性的占有本质差不多，但是很显然，对知识的占有是一种更能让社会接受的方式。对知识的占有量越巨大，越可以让自己在跟别人的对比中，获得自恋的满足，这种自恋的满足是被社会允许并且被社会赞许的。

对社会或者国家而言，如果全民备战，显然表示这个社会或者国家处在非常糟糕的状态中，因为每个人都在准备释放最原始的力比多和攻击性。但是，如果变成全民阅读的状态，显然是这个社会或者国家处在更文明的发展阶段的标志。

升华可以将不利转化为有利

最近几年，我讲课非常多，也就是说在过去几年里，我非常多地使用了我的嘴巴。如果开玩笑地说，这可能是退行，即我的心理发展阶段已经退行到口欲阶段。但是假如我如此喋喋不休地讲话，给听的人带来愉快，更重要的是给听的人带来知识，或者是成长方面的收获，这就是升华。因为这是被社会允许的，而且没有给其他人造成伤害。

在德国，心理学家们曾经调查过不同职业人群纵火欲望的大小，他们发现消防队员的纵火欲望最强。从升华的角度来解释，消防员本来就有纵火的欲望。如果他们直接满足自己纵火的欲望，会受到法律的惩罚，所以他们升华了：从事消防这个职业。城市的任何地方着了火，他们都会开着消防车去灭火。某种意义上，灭火和放火是一回事，都是玩火。

有一次，一个有强烈攻击倾向的男性去著名的催眠师米尔顿·艾瑞克森（Milton H. Erickson）那里看病，他需要治疗的症状是不可遏制的攻击性的冲动。艾瑞克森直接给了他一个建议：你去当警察吧。这个人真的去当了警察，穿着制服、拿着枪，在街上巡逻，抓犯罪分子。

艾瑞克森这招非常高明，直接把这个人内心对他人的攻击和控制的冲动，变成了这个人的职业。当警察，他既可以通过这个职业满足他攻击的需要，又可以获得养家糊口的收入。最后，这个人成为一名优秀的警察。

我有一个很要好的男性朋友，他长得牛高马大，很有力气，年少时是江湖一混混。那时他整天喝酒、打架、欺负别人。他18岁那年去当了兵，在部队接受了很严格的教育。从部队出来后，他好像变了一个人，在街上碰到跟他曾经一样的江湖混混欺负别人时，他肯定会打抱不平。因此，他多次获得他所在城市政府颁发的见义勇为奖。

这就是典型的把本来很糟糕的、有反社会人格倾向的攻击性，升华成了对他人、对自己、对社会有利的攻击性。

不要升华过度、过早和不够

当然,我们可能会存在这样的问题——过度升华、过早升华、升华不够。

比如,让几岁的孩子花太多的时间和精力去做与琴棋书画有关的事情,可能是过早升华和过度升华,因为这有悖于自然的天性。孩子应该遵照人类成长的自然进程,在这个年龄有更多的身体方面的运动。身体方面的运动能直接表达他们的攻击性,而我们让孩子过早、过度文雅了。

用孔夫子的话来说就是"文胜质则史,质胜文则野",意思是如果一个人的素质里,文化的部分多于他的本质,这个人就会变得酸腐;如果一个人的本性里,天然的部分过多地超过文化的部分,这个人就会变得野蛮。很显然,精神分析要做的工作就是在"文"和"质"之间寻求平衡。

另外,一些中小学削减体育课,甚至在某些特殊的阶段,比如高考之前,取消体育课,这实际上是阻止孩子们的欲望以一种升华的方式表达。这样的做法可能导致孩子们的欲望升华不够,我旗帜鲜明地坚决反对这样的做法。

美国的一所学校,孩子的自杀率相当高,学校就请了精神分析师杰瑞姆·布莱克曼(Jerome S. Blackman)去做调查,寻求解决的方案。做了详细的调查后,布莱克曼给这所学校提了一个建议，让孩子们多从事文体活动。仅仅这一项措施，就让这所学校学生的自杀率得到了大幅度下降。

精神分析是一门探索和回答人为什么活着，以及怎样活着才是健康的学问。从升华这个角度来说，人一辈子尽可能地把自己的力比多和攻击性向外以及升华，可以避免很多大问题。人越能把本能的驱力升华，就越能活得有成就感和幸福感。

小结

- 动力性的心理治疗必须建立在来访者有一定程度的退行之上。如果来访者没有足够的退行，心理治疗是不可能进行的。
- 整天玩游戏可能是退行，可能是攻击性的转移，可能是对现实的否认，也可能是对爱恨情仇的隔离，还可能是对现实中其他人的攻击性的见诸行动。
- 成年后拥有的所有东西，实际上是一个人婴儿时期欲望的放大。

第 12 讲

防御机制——外化、间隔、凝缩等

> **曾氏语录：**
> · 一个人越能承受文化的差异，越能承受人与人之间的差异，他的人格的健康程度就越高。
> · "爽透不能型"防御机制——善始善终地做一件事情会给一个人带来很多愉快，但是他觉得自己不配得到这种愉快，所以在这件事情还没有完成的时候就终止它。

外化，把自己的体验变成别人的体验

使用外化防御机制的人，会把自己的某种体验变成别人的体验。

比如，一个来访者告诉治疗师：你也许会认为我是一个非常糟糕、道德败坏的人。这可能会让治疗师觉得奇怪：你什么事情都没跟我说，就觉得我会认为你是一个糟糕的人，一个没有道德的人。于是，这个来访者就会告诉治疗师他做了如何糟

糕的事情。

实际上，治疗师认为这件事情糟糕的程度，与来访者认为的糟糕程度完全不一样。治疗师可能觉得没什么，但是来访者认为治疗师会因为这件事情而指责他。显然，来访者把自己针对自己的攻击和内疚，投射到了治疗师身上，认为治疗师会指责他。

这样的人，在某些时候可能会变成反社会人格的人。他们如果做了超我不允许的事情，可能会把指责投射给外界，认为社会或者他人对自己有攻击。作为反击，他们可能会报复社会和他人。

抵消和仪式，事情好像没发生过一样

抵消和仪式，意思是一个人做了一件超我不允许的事情，然后再做另外一件事情，以抵消做的这件违背超我的事情，从而在感觉上维持了平衡，就好像自己根本没做过这样的事情。

男性和女性使用抵消和仪式防御机制的形式不同。

男性的表现形式是跟一帮朋友喝酒，酒后肆无忌惮地释放自己的攻击性，想说什么就说什么，有的人可能还会出现躯体暴力。但是，第二天酒醒之后，男性往往会觉得非常自责和内疚。喝酒和表达攻击是一种仪式，自责和内疚是这种仪式的下半部分。出现自责和内疚，是用来抵消他前一晚喝酒时肆无忌惮地释放攻击性。

女性的表现形式是害怕自己长胖，一直节食，但是又受不了美食的诱惑，于是对自己说：我今天大吃一顿，从明天开始减肥。结果真的大吃了一顿，之后觉得非常内疚和自责，她认为内疚和自责可以抵消暴饮暴食行为带来的后果。

不过，也许加菲猫使用的是更加高级的防御机制，它的名言之一就是——我现在一定要吃点东西，而且要吃饱，要不然没有力气减肥。

逆转，攻击弄反了方向

本应向外的攻击变成向内的攻击

攻击转向自身是本来应该向外的攻击变成了向内的攻击。

攻击转向自身这种防御机制之所以重要，是因为在所有自杀的案例中，都有攻击转向自身的防御机制在起作用。也就是说，因为别人的错误，而对自己生气，甚至生气到可以把自己杀掉。这是愤怒无法正常地向他人释放的典型表现。

有一个男人在不久前自杀了。因为有人欠了他很多钱，他去找别人要，别人说没有。后来他又去要，别人把他骂了一顿。他再一次去要，别人把他暴打了一顿。回来之后，他就服毒而死了。这是典型的把攻击转向自身的表现。

本应向内的攻击变成向外的攻击

逆转的防御机制还有一个表现形式：本来应该向内的攻击，变成向外的攻击。比如，一个人做了比较糟糕的事情后，不是自责，而是觉得别人做了对不起他的事，都是别人的错。

小时候，一次非常重要的考试，我妈妈一大早就开始叫我起床，但是我一直都起不来。等我终于起床了，一看时间，我发现肯定会迟到。当时，我有很多向内的攻击，但是我通过逆转的防御机制，把攻击给了妈妈。

我说："你为什么不早点叫我？"

妈妈说："我叫了你啊。"

然后，我就说："你为什么不大声叫我，多叫我几次。"

这是用自己的错误来惩罚他人。不过，有个人说过一句很漂亮的话：对别人生气，相当于自己吃毒药而想别人死。从某种程度上来说，这又是攻击转向自身了。

适度的防御：
建立有滋养作用的人际关系

间隔，不能让自己太爽

间隔，意思是一个人如果善始善终地做一件事情会有很多愉快的感觉，但是他觉得自己不配得到这种愉快，所以在这件事情还没有完成的时候就终止它。

我给间隔取了一个大家容易理解的名字，叫"爽透不能型"防御机制，即不能让自己太爽了，太爽会觉得不好意思，会觉得内疚。

布莱克曼举过一个例子。

一个女人一直跟一个男人约会。有一天，他们约好一起去裸泳。裸泳完后，她的男朋友邀请她去他家里做爱，但是这个女人坚决地拒绝了。

第二天，这个女人把这件事情告诉了她的治疗师。治疗师的解释是：也许你是害怕有了裸泳这样的开头，如果再以做爱结束，整个过程会让你过分快乐，而你的内疚感不敢让你如此快乐，所以你拒绝了去男朋友家里做爱。

在这个案例中，如果这个女人仅仅是跟男朋友吃一餐饭，饭后她的男朋友要求去房间做爱，她坚决拒绝，这是没有问题的。但是,他们是去裸泳,这已经有强烈的性色彩,她没有让这件有强烈性色彩的事情顺理成章地有一个自然的结果,而是强行中断了,所以我们有理由认为这是使用了间隔的防御机制。

1994年,我从德国去美国看我的哥哥和我的大学同学,在那儿待了两个月。两个月的时间里,因为有点无聊,我就去学驾驶。我每天从布法罗(Buffalo)开车到40公里外的世界第一大瀑布——尼亚加拉瀑布。很快,我就拿到了美国的实习驾照。

有一天,我预约了换正式驾照的考试。我哥哥那天要去上班,他对我说:"你今天下午绝对不可以去参加考试。"

我当时觉得很吃惊,说:"为什么呢?"

他回答说:"因为我不能去。"

我说:"是我去考啊。"

他说:"我怕你出安全方面的事情。"

我说:"我是成年人了,我一个人去考试没问题的,没人陪也可以的。"

但是,我哥哥还是坚决地不允许我去参加考试。我用尽了一切办法都不能说服他,最后我没有去参加考试。

大家不妨体会一下,我当时那种可以善始善终完成一件事情的过程被强行中断的愤怒的感觉。之后的一年，我只有美国的实习驾照，不能在美国独立开车。到了1995年，我回国了，我们单位有自己的车，我可以开车，但是因为那一次创伤性体验事件，我对开车感到厌恶。直到去年，我才拿到了自己的驾照。

我哥哥以安全为理由，阻止我考美国的驾照。如果我是我哥哥的治疗师，我可能就不会那么生气。我会这样给自己解释：我那种流畅的快感被终止的感觉，其实是他自己的。我对他非常了解，我知道他也是这样对待自己的：在某件事情上，他不会让自己获得完整的快乐，这跟他和我共同的早年经历有关系。

小时候，如果我们开一瓶罐头，打开后，流畅自然的程序应该是直接吃掉它。但是，我妈妈不允许我们这样做，因为在吃之前，她需要反复检查罐头的瓶口是不是有破碎的缺口，以免我们把破碎的玻璃碴吃到肚子里，造成生命危险。

本来是完整的打开罐头、吃罐头的过程，被分割成两部分：打开罐头的过程，吃罐头的过程。本应该是完整的快乐，却被玻璃碴的危险切割成了破碎的快乐。

有的人在追求一个目标，或者获得某一种幸福的过程中，经常半途而废，为什么呢？很可能就是间隔的防御机制在作怪。

凝缩，是对抗自己的焦虑

凝缩，就是把很多东西压缩成一个体积很小的东西。

我刚进入心理治疗领域的时候，首先接触的是精神分析，慢慢地接触到了人文主义、行为主义、催眠、格式塔理论，以及认知方面的理论。现在回想起来，也许是因为这些知识让我觉得很焦虑，所以那时候我一直都在思考一件事情：能否把所有心理治疗的理论整合成一个整体。

现在，心理治疗的发展方向肯定是整合趋向的。但是在那个时候，我以非常贫乏的专业背景和经验想做一件整合的事情，实际上是因为面临如此之多的学派我内心感到焦虑，把它们整合起来是我想对抗自己的焦虑。20多年后，我已经不太想整合所有的心理治疗流派了，我更多的是想在某一个领域里更深地钻研。

有些人在面对东西方文化冲突的时候，他们也在想如何把所有文化都整合起来。实际上东西方文化各有所长，各有所短，我们接纳这样的差异，可能会让这个世界和我们的内心变得更加丰富多彩。

换句话来说，一个人越能承受东西方文化的差异，越能承受人与人之间的差异，他的人格的健康程度就越高，他就有可能使用更高级别的防御机制来替代凝缩。

有这样一个现象，有人不断地把人类近期伟大的科学技术上的发明创造归功于中国传统的哲学思想。比如，他们经常说的话就是：我们现在想到的某些东西、造出来的某些东西，实际上我们的老祖宗早就想到了，只不过他们没有直接把它们做出来而已。这实际上使用的是凝缩的防御机制，也就是现代新创造的事物跟过去的事物反差如此之大，让他们觉得非常焦虑，所以他们需要把古今中外的东西混为一体。

当我们不使用凝缩的防御机制时，我们的态度可能就是：几千年前的祖先们说的是一回事，我们现在的发明创造是另一回事。当然了，没有祖先在前面打基础，我们也不可能会有今天的进步。正如唐纳德·温尼科特（Donald W. Winnicott）所说的：没有继承，就不会有真正的创造。

闲聊，不知为知之是为价值感也

闲聊，意思是一个人本来不知道某种知识，但是他使自己显得知道，以提高他的价值感。

比如，游客在某地打车，假如出租车司机并不了解某地区发生的事情，却跟游客说发生了什么事情，就好像他亲眼看见一样。他在聊这些事情的时候，显得他亲临其境，其实可能是为了提升自己的价值感。

小结

- 大吃一顿之后觉得非常内疚和自责，是因为觉得内疚和自责可以抵消暴饮暴食行为带来的后果。
- 对别人生气，相当于自己吃毒药而想别人死，这是攻击转向自身。
- 温尼科特说：没有继承，就不会有真正的创造。

第 13 讲

从父母对孩子的爱和恨谈抵消和仪式

曾氏语录：
· 父母对孩子适当的恨，实际上是对孩子有好处的。
· 活着实际上是一门专业。

对孩子的爱，能抵消对孩子的恨吗

爱孩子的同时，我们都会恨孩子

如果我们说天下的父母都爱孩子，估计所有人都会同意，但是如果我们说天下的父母同时也恨孩子，估计会引起很多父母的愤怒，因为他们从来都不会在意识层面感觉到他们会恨孩子。当然，有些父母可能会感觉到自己对孩子的恨，恨孩子的不听话、不争气，恨孩子对自己的健康不负责任。如果父母意识不到自己恨孩子的部分，他们可能就不会有内疚的感觉。

说到"恨"字的时候，很多人都认为它是一个坏东西。但是，父母对孩子适当的恨，实际上是对孩子有好处的。很多父母只能感觉到对孩子的爱，而不能感觉到对孩子的恨，所以他们在跟孩子的关系中会肆无忌惮、为所欲为，结果孩子被折磨成了人格障碍，或者精神病。这是非常糟糕的情况。

举一个父母恨孩子恨到想让孩子生病的例子。

大概十几年之前，一个妈妈带了一个5岁的男孩到我这儿来做治疗。这个男孩只要一接触到白纸就全身发抖，像触了电一样。起因是这个孩子在青少年宫参加绘画班，那天老师安排的作业是画苹果，而这个孩子想画猴子，但绘画老师坚决不让他画猴子，只能从苹果开始画起，还把他训了一顿。这个孩子当天晚上在家摸到白纸的时候，就出现了全身触电般紧张的症状。

我了解到这一点后，觉得这是一个非常容易就可以解决的问题。孩子的潜意识不像成年人藏得那么深，所以要解决这个问题不是太困难。而成年人的潜意识往往已经被埋了几十年，处理时可能就找不到如此直接的原因，很多原因都像淹没在沙漠厚厚的黄沙下面。

适度的防御：
建立有滋养作用的人际关系

我当时就对这个孩子说:"现在你妈妈,还有我和你的绘画老师,在绘画这个问题上绝对不再干扰你,你想画什么就画什么。"

这个孩子说:"那我天天画猴子。"

我说:"好啊,你就天天画猴子,好不好?"

他说:"好。"

过了一会儿,我拿了一张白纸给他:"你再摸一摸,看看还有没有电。"

他摸了,一点反应都没有,这个问题就解决了。

咨询的时间是50分钟,我用了20分钟解决了这个问题,自恋得到了满足。过了两个月,这个妈妈又把这个男孩带到我这儿来,说:"孩子又出现了这个问题,我不知道是什么原因了。"

我当时心里想孩子的这个问题还是比较容易解决,于是我就对他说:"叔叔教你一个简单的办法,可以把身上的电放到地底下去,这是一门功夫,别人我都不会教的。"

小男孩听说我要教他独门绝技,觉得非常高兴,说:"好啊。"

我说:"我马上给你一张白纸,你身上肯定就会出现触电的感觉,对不对?"

他说:"是。"

我说:"那这个时候,你就暗自发功,把脚趾这样一抓,心

适度的防御：
建立有滋养作用的人际关系

关键的是有联系方式。

他妈妈在护士办公室所做的事情，让我强烈地感觉到这个妈妈内心非常希望孩子有病。从某种意义上来说，孩子都是为妈妈生病的。

我如果有更丰富的经验，应该不会那么急于解决孩子的问题，而应该首先调整妈妈与孩子的关系。我急于治疗好孩子的问题，就掩盖了妈妈与孩子之间关系上的问题，而他们关系上的问题会让孩子持续患上各种各样的心理疾病。因为一切心理问题都是关系问题，尤其是妈妈跟孩子的关系问题。

这件事情给了我非常深刻的教训：第一，解决明显的表面问题是第二重要的，第一重要的是解决亲密关系问题；第二，以后哪怕一个人只是来我这儿咨询5分钟，我都要留下他的方式，以便于在必要的时候，我能够联系到他。

多年过去了，这一对母子再也没有出现在我的治疗室，但我还是经常想到这件事情：这个孩子怎样了？这个妈妈潜意识的东西，她自己有了更进一步的了解了吗？

如果这个妈妈对自己制造的跟儿子的关系没有更多的觉察，这个孩子肯定会有更加严重的问题。当然，我希望我的这种预测不是真的。

恨，是为了更好地爱

父母对孩子除了爱之外，还有潜意识层面的恨，这是很多父母察觉不到的。也许，很多父母对这种说法非常愤怒，认为这是在挑拨父母跟孩子的关系。事实不是这样的，我们让父母觉察到自己对孩子可能有人与人之间共同的情感因素——恨，是为了更好地爱，而不是为了破坏关系。

拿我自己来打比方，我妈妈非常爱我和我哥哥，由于她所处的环境以及她自己对生活的态度，她这一辈子都没有好好地享受过生活，她把她几乎全部的物质、时间、精力都给了我哥哥和我。任何人看到她对我和我哥哥的态度，都会觉得她是百分之百爱我们的。但是，这并不代表她潜意识里没有对我们的恨。

如果我们非常健康，远走高飞，就会让她在潜意识层面觉得自己被抛弃了，所以她这一辈子都在担心一件事情——我和我哥哥的身体是不是健康。我们别的方面她真的不担心，比如学习，她从来没有因为学习的事情"虐待"过我们。

小时候，我如果不愿意去上学，或某一科成绩下滑，她从来都不担心，但是她非常担心我是不是健康。即使是在现在，我已经这个年龄了，她还是非常担心我的健康和安全。武汉的冬天非常寒冷，每次我见到她，每次我给她打电话，她都会对我说"别感冒了，别感冒了，别感冒了"，至少要说三五遍。

有一次，她打电话给我的时候，又说了好几次别感冒了，然后我就用鼻音跟她说："妈，我现在真的感冒了，而且非常严重，话都说不出来。"而我妈妈在电话里的反应是哈哈大笑。

妈妈的笑给我的感觉是，好像她预言的某件事情成真了。等她愉快地笑完了，又紧跟着来了一句说："感冒就感冒，别再中风了啊。"

从精神分析的角度来看，这件事很好玩，但是我又觉得有点毛骨悚然。如果真的中风了，那我可能就在家里嘴歪脸斜、口水长流地躺在床上，这种状态不是我想要的，所以我跟着我妈妈笑了几声，说："妈，你的嘴巴是很灵的，一般你说什么都会实现，你说要我别感冒了，然后感冒两个字就进入我的身体，我现在严重感冒。你如果每天再说几次中风的话，那我肯定会中风的。"

我妈妈的潜意识可能也听到了我在意识层面的回应，所以她说："好好好，那我以后不再说了。"一直到现在，她再也没有提过这个话题。

我妈妈意识层面对我们有很多爱，而且这种爱可以抵消她内心觉察不到的那种希望我们生病的恨。

仅仅爱是不够的，更重要的是知道如何爱

从大的范围来说，精神分析是一门关于爱的学问，它说的不是爱不爱孩子这样的问题，而是如何爱孩子。

一个让人心痛的案例

有一个让人心痛的案例，我在很多场合都讲过。

一个妈妈带着她19岁的儿子去看病，她对医生说："我儿子有以下三个毛病，一是注意力不集中，二是丢三落四，三是情绪不稳。"

医生给这个孩子做了访谈后，发现这个孩子就是很普通的青春期问题，连精神科的神经症诊断都算不上。于是他对这个妈妈说："孩子的确是有一些情绪方面的问题，我们做一做系统的心理治疗吧。"妈妈和孩子都表示同意，但做了三五次治疗之后，他们有两三个月的时间没来。

两三个月后，妈妈又带着孩子找到了这个医生，说："这段时间之所以没来，是因为我觉得孩子好转的速度太慢，就带他去看了一个脑神经科医生，脑神经科医生给他开了抗精神病药物——氯丙嗪和氯氮平。"

氯丙嗪和氯氮平是用来治疗幻觉妄想的，不能治疗青春期孩子的一般心理问题。不过，这个做心理治疗的医生并没有说脑神经科医生的不对，他只是对这个妈妈和孩子说："用药是别的医生的事情，在我这儿，心理治疗的过程还是继续进行，也许我们心理治疗起了效果之后，药可以减量，甚至是完全停用。"

妈妈和孩子都同意了，又继续做了三五次心理治疗，之后又有半年的时间没来。

再次出现的时候，是一家三口一起来的。孩子头上缠着绷带走在前面，妈妈走在中间跟着，后面是一个显得非常弱小甚至有点萎缩的"小老头"，也就是这个孩子的爸爸。

进了治疗室，妈妈大大咧咧地在沙发上坐下，对医生说："医生，我最近采取了一个彻底的办法，就是带我儿子去做了一个脑部的手术——切除胼胝体。"

学会好好去爱孩子

大家都知道，人的大脑分左右两个半球，连接这两个半球的是两亿根神经，这个手术就是把连接的部位部分或全部切断。这个医生看到孩子的确比以前安静多了，但是他听得心如刀绞。

这是一个普通的家庭，他们需要节衣缩食很长时间，才能凑齐5万块钱手术费，让他们的孩子去做这样一个惨绝人寰的手术。我们进一步想一想，这个妈妈在为孩子做这些事情的时候，她能够觉察到的都是对这个孩子无尽的爱，但是她不知道她实际上在用非常骇人听闻的方式迫害她的孩子。

这个案例中，我们可能会觉得这个妈妈可恨。如果我们深度共情一下她，又会觉得她很可怜。都说"可怜之人，必有可恨之处"，反过来也是成立的：可恨之人，必有可怜之处。

作为治疗师，我们只有能深刻地共情这个妈妈，才能真正帮到这个妈妈和这个孩子。一味地仇恨这个妈妈，不是专业的做法，同时也不可能真正帮到这个妈妈和这个家庭。

还有一点我们也需要注意，这个妈妈对孩子做这样的事情，她不是意识层面有意的。如果我们深入考察这个妈妈的童年经历，就会发现她可能在她的原始客体不自觉的层面，被糟糕地对待过，所以她没有学会如何去爱她的儿子。从这个意义上来说，这个妈妈也是另一个更大背景中的受害者。

这个案例之所以给人非常深刻的印象，是因为它见了血。其实，还有很多案例没见血，但是惨烈的程度有过之而无不及。

我们谈到了父母意识层面和潜意识层面对孩子的矛盾情感体验，在专业操作上，我们不可以直接对这样的父母说：原来你们是恨孩子的。这样说会让他们更加内疚，而他们为了弥补自己的内疚感，往往会做出更加控制或者伤害孩子的事情来。安全的、更加专业的说法是："你们跟孩子的关系没问题，我们知道你们非常爱孩子，你们爱孩子甚至超过爱你们自己，但是，你们跟孩子打交道的方式，也许会导致一个你们不希望的后果。我们可以先来讨论一下，在你们的意识层面和潜意识层面，对孩子的期望分别是什么样的。"

在所有的家庭灾难中，我们不知道谁是受害者，谁是迫害者，如果治疗其中的某一个人，实际上不是在治疗这个人，而是在治疗整个家族链。每个家庭都有一个或者几个精神上的"传家宝"。幸运的是，很多家庭的"传家宝"是好的，一代代传下去，造就了一代代健康的人。不幸的是，也有很多家庭的"传家宝"是坏的，一代代传下去，制造了一代代不幸福的人。

我讲这个案例的目的，不是要声讨这个妈妈，而是想让大家知道，仅仅愿意爱孩子是远远不够的，我们还要学会如何去爱。

很多父母一辈子都觉得：我做的所有事情，都是在爱孩子。如果我们问问这些孩子，他们可能会觉得父母对自己的爱，全部是以爱的名义实施控制和恨。我不是要挑拨父母跟孩子的关系，而是要通过这个案例让更多的人知道：学习心理学，实际上是学习怎样好好活着，怎样好好去爱，尽可能减少对自己所爱之人的伤害。

活着实际上是一门专业，每个人都应该成为让自己好好活着的专家。学一点关于精神分析的，或者其他心理学派的知识，可以帮助我们更专业地活着。

小结

- 急于治疗好孩子的问题，就掩盖了妈妈与孩子之间关系上的问题，而他们关系上的问题会让孩子持续患上各种各样的心理疾病。
- 恨，是为了更好地爱，而不是为了破坏关系。
- 每个人都应该成为让自己好好活着的专家。

第14讲

防御机制——替换、合理化等

曾氏语录：
- 孩子习惯性撒谎，一定是在必须撒谎才能好好活下去的场景里，这是对父母教育方式的呼应。
- 在亲密关系中，我们经常利用别人来表达我们的内心风景。

替换：明明喜欢 A，却跟 B 亲近

替换是一种常见的防御机制，也称为转移、置换，意思是将对某个对象的情感、欲望或态度转移到另一个较为安全的对象上，而后者完全成为前者的替代物。比如，你感到跟某一个人亲近，却转变为亲近另一个人。

举个例子，一个女孩同时认识两个男孩，她明明对 A 感兴趣，但是她害怕跟 A 在一起会唤起大剂量的情感，她不能承受

这种情感带来的愉悦感，或许是她觉得不配，或许是她觉得那种愉悦感可能给她带来道德上的堕落感，所以她会当着 A 的面跟 B 亲近。

比如，跟 B 说更多的话，跟 B 打情骂俏，甚至有一些身体的接触。在这种状况下，她跟 B 的关系会越滑越深，最后他们可能开始恋爱，甚至结婚，有了小孩。也许某一天夜半梦醒后，她突然意识到，她原来真正喜欢的是 A，而不是 B。不难想象，这个替换对她亲密关系的破坏强度。

在金庸的小说《神雕侠侣》中，郭芙实际上非常喜欢杨过，但是她一直不敢承认对杨过的喜欢，郭芙对杨过的喜爱，隐藏得很深。在杨过面前，她总是呈现自己小女孩顽劣的一面，最严重的时候，郭芙把杨过的右臂砍掉了。但是，当杨过跟金轮法王拼死搏斗的时候，郭芙在旁边非常担心，这时她才意识到自己是多么爱杨过，不过太晚了。

过度象征化：赋予不合理的意义

过度象征化，意思是赋予一些心理功能以不合理的意义。比如，有些人认为他们的梦对自己的未来有引导作用。有一个男性告诉我，每当他人生中遇到重大事件的时候，他都会梦见多年前去世的父亲，告诉他这件事情应该做什么样的选择。每一次，他都按照梦里父亲的指引做出相应的选择，而且每一次的结果都被事实证明是最好的选择。

当然，也许赋予梦境引导的象征意义的做法，在过去起到了好的作用，但是，并不表示梦里的这种引导永远都能起到好的作用。因为梦毕竟是我们想法的一部分，如果我们只是把梦里呈现的潜意识的冲突机械地用在生活中，而没有对现实做相应的详尽的考察就做出决定，那么迟早有一天会出现问题。

幻想/白日梦：持续地想象某些场景

幻想或者白日梦，我估计所有人都曾经使用过这样的防御机制，表示一个人持续地幻想一些沮丧的，或者高兴的场景。跟精神分裂症的病人不一样的是，幻想症的病人知道他们是在幻想，或者是白日梦；而精神分裂症的病人处在这种状态的时候，是不知道自己处在幻想中的。

有时候走在路上，我们可能会发现一个人在那里自言自语，还自己跟自己笑一笑，这有可能是他在幻想跟自己所爱的人在一起亲密的场景。

我们可能还经历过这样的情景：跟别人发生争论，对方说了一句话，你不知道该怎么回应，当这个人离开了，你会不停地幻想——如果对方那样攻击我，我就这样回应他，让他无话可说……你会反复地体会把他在幻想层面攻击得无话可说的愉快的感觉。

搪塞：为了某个目的撒谎

搪塞也是一种常用的防御机制，意思是为了某个目的，或者某个原因而撒谎。

有些社交礼仪性的撒谎是被社会允许的。比如，你看见一个女性换了一个新的发型，或者穿了一件新的衣服，虽然你觉得并不怎么好看，但作为绅士，你坚定地说"你今天的发型特别好看，你的衣服很配你"，这是被允许的。

当然，如果习惯性地撒谎很可能是心理问题。特别是孩子的习惯性撒谎，很可能是父母跟孩子的关系存在问题。心理动力学对此的解释是，孩子一定是在必须撒谎才能好好活下去的场景里，才会频繁地撒谎。所以，孩子的这种撒谎可以看成对父母教育方式的呼应。实际上，是没有人愿意天天撒谎的。

有很多这样的例子，孩子在没有经过父母同意的情况下，拿父母的钱花，这其实是一种行为层面的撒谎。不过，如果父母把这件事太当回事，对孩子实施严厉的惩罚，会固化孩子偷钱的行为。正确的处理方法是，父母跟孩子充分交流，多多关注他，主动询问他是否需要零花钱，以及零花钱用来做什么。

力比多压制：对性或武断感到害怕

力比多的压制是指精神上的压抑，也就是一个人对性或武断感到害怕，所以变得依赖或固执。

生活中，我们会遇到很多有依赖人格特征，或者有固执人格特征的人，我们不妨从防御的角度，来深刻地理解他们的内心世界到底发生了什么。

依赖，与性有关。两个有独立人格的人，他们在进行成人之间身体和精神的深层次交流时，如果其中一个人对另一个人有身体或精神上的依附，那么他们的性关系，实际上相当于那个被依赖的人自己跟自己有性的关系。这跟自慰没有任何区别。

真正高质量的性关系，应该是两个有独立人格的人之间的融合性关系。简单来说，你跟一个本来在人格上就附属你的人有性关系，与你跟一个有完全独立人格的人有性关系，所带来的乐趣和兴奋的级别是完全不一样的。所以，在你依赖某一个人的时候，其实是在回避跟这个人有性关系。

从婴儿层面来理解，婴儿对父母有精神和身体的依赖，这种依赖可以使父母对婴儿没有任何与性有关的联想或者需要。很多老人变得非常依赖，往往是因为他们认为自己年纪大了，不可以有与性有关的关系，只能对他人有婴儿般的依赖关系，这是典型的性压抑的状态。

一个人变得依赖，也可能是为了抵消一个武断的人带给他的危险——你非常武断，我如果跟你对抗的话，有可能会受到伤害，所以我在你的武断面前变成百依百顺的人，这样你就不会伤害到我了。

而固执是你不管是什么样子，我都是一个样子，这样的人显然没有为亲密的融合性关系做好准备。如果我们要进入一段融合性的亲密关系中，我们自己需要有足够的灵活性。为什么潇洒的人可以吸引他人？因为潇洒的人释放了一种随时跟他人融合的灵活性，他们发出的信息相当于"我随时准备好迎接你的到来"。

一个人变得固执，这是性压抑的典型表现形式。

固执也与对他人的武断的防御有关。我们遇到一个武断的人，然后通过固执己见，使自己跟这个人保持距离，这有点以毒攻毒的味道。

想象一下，一个健康的人格，一个趋于完美的人格，到底是什么样子？很显然，这样的人格不是依赖的，也不是固执的。

我想象的理想的人格是无可无不可，也就是说，怎样都可以，只要不违背重大的原则，在几乎所有的事情上都可以保持一定的灵活性。我很神往这样的人格特征，但是我离这种状态还非常远，这只不过是我理想化的一种状态而已。

形态学压抑：总是睡觉

形态学压抑，也就是一个人一遇到糟糕的事情无法解决就睡觉，让自己进入潜意识以回避焦虑。有人曾说：我烦了就睡觉，高兴了也睡觉，饿了也睡觉，专注睡觉几十年，睡觉值得信赖。这表示睡觉作为防御机制来说，的确可以缓解短暂的、不可承受的痛苦。

向幻想认同：英雄崇拜

向幻想认同，像自己喜欢的英雄一样行事。这是认同的一种特殊形式，比如你崇拜某个战斗英雄，然后你就想变得像他一样。

一些充满正能量的影视作品，向大家传递了不怕困难、积极向上、助人为乐、勇敢担当、见义勇为等精神，大家会向作品中的"英雄"认同，在现实中效仿英雄的行为。当然，影视作品中的一些暴力情节，可能会诱导青少年向犯罪分子认同，并做出违法的行为，所以公共电视节目需要一定程度的管制或分级。

向父母潜意识的和意识的希望认同：
父母禁止你做什么，你就做什么

向父母潜意识的和意识的希望认同，意思是父母禁止你做什么，你就做什么，你把他们堕落的愿望见诸行动，并且受到惩罚。

我们可以用这种防御机制来解释，为什么在很多家庭中，父母都是很自律的人，辛勤地工作，待人接物非常有礼貌，遵纪守法，但是他们培养出来的孩子，不管是男孩还是女孩，却变成了跟他们完全不一样的状态——不遵纪守法，不勤奋工作，没有好的人际交往。

从精神分析的角度来看这种状况，实际上是因为父母内心有很多堕落的，或者是对他人的敌意攻击，虽然没有在父母身上表现出来，但是孩子敏锐地觉察到了父母潜意识里的攻击，从而代表父母见诸行动。

表面看，我待人接物非常心平气和，人际关系相当不错，而凭我对自己的了解，我其实压抑、隐藏了很多的敌意和攻击，这些没有在我身上显现出来。但是，我的孩子觉察到了我对周围环境和他人的敌意，所以在某一段时间，她显现出对他人极大的攻击性，直接导致她的人际关系越来越差。我估计，她那段时间可能是他们班上人际关系最不好的学生。也许是我对我自己潜意识里的敌意有了更多的觉察，也许是她自己后来慢慢成长，不需要继续向我的潜意识认同了，最近一两年，她的人际关系变得越来越好。

所以，请所有的父母记住，如果你的潜意识里有太多没有解决的冲突，或者你的表面和内心深处有太大的反差，或者你对自己的觉察范围太小，那么隐藏在你觉察之外的那些愿望、冲动、敌意等，都可能通过你最亲的人向外呈现。

简单来说，在亲密关系中，我们经常会利用别人来表达我们的内心风景。表面看来是别人在主动这样做，实际上有可能是我们的潜意识在幕后指挥。如果我们明白这一点，我相信，我们会给所有我们爱的人、爱我们的人更多的宽容，给他们更多高品质的爱。

向攻击者认同：成为自己害怕成为的人

你虐待一个人，因为别人曾经虐待过你，所以你在虐待别人的时候就不会感到痛苦。这就是向攻击者认同。

这里，我们用向攻击者认同这种防御机制，来讲讲孩子孝顺不孝顺的问题。在古代，如果你不是一个孝顺的人，那你做什么事情都会被否认，包括不可能在官场上获得更高的官位，也不可能获得其他人起码的尊重。但是，我觉得把孝顺上升到国家的规则，甚至法律层面是不科学的，为什么？

因为孩子对父母好是一种自然而然的情感体验，如果把它变成一种强制性的，那相当于把一种很大的力量变成一种很小的力量。这个世界上最强大的力量是自然而然的力量，而不是国家的，或者法律层面的力量。

如果父母对孩子好，孩子就会学习父母这样的爱的表达，他们自然而然会对父母好，他们可能不具备对父母不好的能力。但是如果父母对孩子不好，不管是精神上的还是身体上的施虐，都会导致孩子无法学习如何对他人好，也无法直接体谅他人的痛苦，表现在行为上，他们就会变成对父母不孝顺的孩子。

如果我们还是像以前一样，直接攻击孩子不孝顺，就说明我们没有真正理解孩子到底怎么了。

从精神分析角度来理解，就是父母对孩子不好，导致孩子的不孝顺，孩子的不孝顺是反应性的结果。也就是说，父母对孩子不好是在先，而孩子对父母不好是在后。

向受害者认同：类似于替代性创伤

向受害者认同，也就是一个人通过容许自己被伤害，或者通过使自己受到伤害，来让自己表现得像另外一个人，这样做是作为一种救赎的愿望或者是为了竭力摆脱自己的愤怒或内疚。

当一个人目击一件灾难事件时，看到有人丧生，或者身体的某一部分丧失，他就受到了创伤。创伤会有一些具体的临床表现，比如变得过度警觉，脑袋里有闪回的画面或者声音，这些可能让他持续地处在某种哀伤之中。

短暂地处在这种哀伤之中是正常的。但是，如果一个人目击这样的创伤性事件后，很长时间不能从这种状态中走出来，那么他就会成为替代性创伤的病人。也就是说，他把自己认同为在这样的灾难中受伤和死亡的人，他如果继续做完全健康的没有受伤的自己，会让他觉得对不起死难者。所以在情绪上，他要把自己卷入深深的抑郁、哀伤中，这个过程会持续很长时间。

比如一些战争已经过去了几十年，但是，很多参加过战争的士兵，还处在病理性的哀伤中，他们满脑子可能都是几十年前战争的惨烈图像。有的人自杀，有的人一辈子没有结婚，有的人不能正常参加工作，有的人甚至流落街头……他们就是向受害者认同。

当然，也有很多参加过战争的人，他们同样都目睹了悲惨景象，但是，他们能够隔离，能够让自己在战后和平的环境里好好地活着。

向内射物认同：近朱者赤，近墨者黑

向内射物认同，就是使内射物成为自己超我的一部分。这有点像我们常说的"近朱者赤，近墨者黑"。

这是我自己体验到的一个例子。当我跟严格遵守交通规则的人站在路口等待红绿灯的时候，我可能会严格地遵守交通规则，红灯停，绿灯过。但是，当我遇到一看没什么车凑足一伙人就闯红灯的情况，我也会受影响，甚至跟着他们一起走。

这种行为可以说是"临时的超我"在起作用，也就是这种超我在一个人的人格里只是暂时固化，经过时间的洗刷之后，这种超我可能被抹去。

诱惑攻击者：用色情或阿谀奉承诱惑他人

诱惑攻击者，是通过色情或者阿谀奉承诱惑他人，减轻恐惧。比如，我们听到某一对男女亲密关系破裂，弱女子在这段亲密关系中受到伤害，如果伤害者是位高权重的男人，那么舆论会一直斥责这个位高权重的男人。

但是，如果在治疗室面对这个受害的弱女子，我们就能了解到，也许在这个故事开始之初，主动诱惑对方的是这个弱女子。因为可能的情况是，这个弱女子在跟位高权重的男人打交道的时候，心里想或者说潜意识中想，"如果我跟他有了性关系，他就不会伤害我"。但是，这显然是潜意识的幻想，并不一定是事实。

随着两人关系的深入，这个弱女子可能在关系中得不到她事先想得到的东西，于是开始抱怨，导致两人关系的破裂。最后，呈现给我们的就是：这个弱女子受伤。

我们这样分析，并不是为了提供法庭证词。我们一定要把法律和精神分析分开，法律追究的是后果是什么样子，到底谁吃了亏，而精神分析看的是一个人潜意识里的主动、被动、一些不能觉察到的愿望、控制等。

另外，在男性和男性之间，可能会通过阿谀奉承来减轻恐惧。比如，我遇到一个强大的男人，我在他面前如果感到恐惧的话，最好的办法就是拍他马屁。这会使我有这样的想法：我都拍了你马屁了，你就不可能再攻击我和伤害我。

在群体里，对某个人集体一致的称赞，很可能表示整个集体都在恐惧这个人。无数事实告诉我们，如果通过阿谀奉承来抬高他人，也许在短时间内恐惧会减轻，但是时间长了之后，我们有可能要付出更大的代价。

合理化：为不合理的行为找借口

合理化，就是在内心觉得紧张的时候，给自己找一个理由来减轻内心的张力。

比如，我们犯了小错误的时候，内心有些焦虑、内疚，然后可能就会找一个理由把这件事情糊弄过去。治疗师和来访者都可能使用这种防御机制，比如治疗师某一次迟到，他可能会以某种理由来为自己的迟到辩白，而来访者也同样会出现这种情况。

适度的防御：
建立有滋养作用的人际关系

穷思竭虑：努力思考，避免行动

穷思竭虑，指一个人过度分析，徒劳无益地试图解决问题。

这是我们当年学了几天精神分析，就经常使用的防御机制。一个问题来了，明明可以通过现实手段来解决，但是，我们过度地使用精神分析技术，最后使这个问题永远处在悬而未决的状态。

可见，很多时候你过度分析，努力想解决问题，实际上是通过反复地检阅一些同样的僵化想法，来回避对其他想法和感受的觉察。可以说，你通过使自己的思绪像轮子一样快速运转起来，只是为了避免一份很熟悉的情感。

逆恐行为：越恐惧的事，越主动去做

逆恐行为，是指一个人本来内心非常恐惧某些事情，但是故意、主动去做这样的事情。

一个治疗师觉得来访者的问题比较严重，便对来访者说："我们可不可以把每周治疗的次数，从 1 次提高到 3 次？"而来访者对分析师有非常大的阻抗，甚至是恐惧，但是他轻易地就答应了治疗师的建议。但在下一次治疗中，这个来访者开始反悔，他说："因为时间和经济双重原因，我不同意把治疗的频率从一周 1 次增加到一周 3 次。"

这也给了治疗师一个机会，来分析这个来访者在现实生活中的其他逆恐行为。

我实际上是一个恐高的人，但是有很多课要讲，使我不得不多次乘坐飞机。每次坐飞机我都相当恐惧，每次飞机落地我都觉得又活了过来。我可能需要分析一下，我安排那么多的课程，是不是逆恐行为的一种表现形式？

理智化：持续地从事某种病理性行为

理智化，就是一个人被一种特殊的行为理论激励。

比如，某传销理论，你听了之后可能会热血沸腾，然后你会坚定不移地相信，如果按照这套理论来做的话，很快就可以发家致富。你在这样的激励下，持续地从事某种病理性的行为，给自己和他人制造很多创伤。

小结

- 固执的意思：你不管什么样子，我都是一个样子。这样

适度的防御：
　　建立有滋养作用的人际关系

　　　　的人显然没有为亲密的融合性关系做好准备。

- 如果你的潜意识里有太多没有解决的冲突，或者你的表面和内心深处有太大的反差，或者你对自己的觉察范围太小，那么隐藏在你觉察之外的那些愿望、冲动、敌意等，都可能通过你最亲的人向外呈现。
- 如果父母对孩子不好，不管是精神上的还是身体上的施虐，都会导致孩子无法学习如何对他人好，也无法直接体谅他人的痛苦，他们会变成对父母不孝顺的孩子。

防御机制——幽默、社会化与疏离等

> **曾氏语录:**
> - 一种只能感觉到爱的关系,有可能是吞噬性的关系,这对父母和孩子双方都不利。
> - 我们刻意地不认同父母本身就是认同的一种特殊形式。

幽默:很可能是回避内心痛苦

幽默往往是对内心痛苦的回避。但是,如果在某一个人幽默的时候,你直接对他说"你之所以如此幽默,是因为你内心很痛苦",则是一种非常扫兴的做法。而更加扫兴的,也就是更加反幽默的做法是,在别人幽默之后,你对他说"你好幽默啊",这可能是对他的幽默的面质。在生活中,我们碰到太多的人,以这种一点都不幽默的方式,来评判别人的幽默。

有人说幽默是最高级别的防御机制,弗洛伊德、赫伯特·马尔库赛(Herbert Marcuse),都曾经为幽默专门写过文章,他们认为幽默是智慧溢出来的结果,是人际关系的润滑剂。

在有冲突的场景使用幽默,可以有效缓解冲突。在心理治疗的过程中,幽默是被允许的。当然,如果在心理治疗过程中,治疗师或者来访者过度使用幽默,可能就需要面质一下,因为这种情况可能是两个人都在回避他们之间的冲突,需要用精神分析来解释。

具体化:把原因归结到具体的事上

具体化,是指你停止使用抽象思维,而你本来是具有这个能力的,你认为你和沮丧的关系,不是来自关系本身,而是来自你或者对方大脑里的某种化学物质失衡。

多年前,我和比我大40岁的德国专家海因茨·克莱特(Heinz klaette)一起谈话。我说:"我最高级别的理想就是去最好的脑科学研究室工作,然后在实验室里发现主宰我们爱恨情仇的神经递质到底是什么。"这位老先生很吃惊地看着我说:"奇峰啊,我真的不知道,你竟然还有如此愚蠢的想法。"

当时我觉得,他这个评论有失公允,但是多年后回过头来看，我觉得他这个说法是对的。因为一个人如果不是直面自己生活中的人际冲突，而是想通过改变自己大脑里的某种神经递质来获得和谐与宁静的关系，真的是一种非常愚蠢的想法。

说得绝对一点就是：当我跟别人在一起有太多冲突的时候，我直接服用让自己变得非常麻木的药物，的确可以回避一些痛苦，但是这实在不是一种好的方式。

小团体形成：身处人群中对抗本能冲动

小团体形成，它和社会化与疏离在某种意义上是重叠的。小团体形成的定义是，你身处人群中，对抗你自己的本能冲动。因为本能冲动只能在私密场所完成，如果你处于大庭广众之下，你就不会想着自己原来还有如此多的本能愿望。

这也是青少年总是成群结队的原因，因为他们如果独处就可能面临自己的欲望的骚扰，让人非常不舒服。

禁欲：否认和回避愉快

禁欲的定义有两个。

一个是对愉快的否认。有的人只要让自己快乐了，就可能会有道德上的内疚感。比如，享受美食、享受亲密关系，或者享受非常好的生活条件，可能都会让他们不舒服。

另一个是回避与人交往，回避愉快。就像我们去什么地方旅游，或者去哪家餐馆吃饭一样，首选的不是某个景点的分级、某家餐馆的特色美食，而是跟谁去、跟谁一起吃。所以，最后我们玩的对象都是人，而不是物。与人交往可以带来如此之多的愉快，以至于有禁欲倾向的人会倾向于否认，或者说回避跟他人的交往，他们可能把自己变成整天宅在家里不出门的人，陪伴他们的可能就是书籍、乐器等。

当然了，现在很多人在家里宅着的陪伴者是互联网。互联网实际上也是一种跟他人交流的工具，但是通过它交流，跟和其他人面对面地交往，还是有差异的。

人有时候真的是一种奇怪的动物，有不少人有这样的信念：如果我把自己变得没有作为人的基本欲望，或者通过克制自己作为人的欲望，就可以让心灵变得圣洁，长生不死，或者说可以达到某种觉悟。

但是，无数人的经历告诉我们，通过禁欲来达到觉悟的彼岸是不可能的。释迦牟尼在成佛之前，花了六年时间在深山老林里跟苦行僧们一起修行，他想通过这种压制自己的欲望、折磨自己的身体和精神的禁欲方式，使自己觉悟。但是，后来他发现这种方法不对，所以他离开了那些苦行僧，最后在菩提树下成佛。

美国作家丹·布朗（Dan Brown）的小说里几乎都有这样的人物，通过虐待自己的身体和精神，使自己处在一种痛苦的状态中，他们觉得只有在这种状态下，才能够内心宁静，没有欲望。

小说中描述的自我折磨的程度到了很高的级别，比如有一个杀手穿着有倒刺的紧腿裤子，倒刺扎入肉里非常疼，而且他每天晚上把裤子脱下来的时候，倒刺对肉的撕扯会制造更大的痛苦，而这些痛苦让他内心有宁静甚至是喜悦的感觉。

同性客体选择：同性伙伴减轻你对同性恋的恐惧

你跟同性别的伙伴在一起，通过这种方式小剂量地满足你同性恋的欲望，这样你就不会变成真正的同性恋者。这种同性客体选择的防御机制，减轻了你对同性恋刺激的恐惧。

我们可以想象，下班之后，有多少男人跟男人在一起喝酒、说笑等，他们这样做的目的可能是使自己不要成为真正的同性恋者。这有点打预防针的感觉，即我既然已经跟我的同性别伙伴有了这样的"皮毛"交流，我就不需要跟他们有更深的精神和身体的交流了。

一种情感对抗另一种情感：关注一种而回避另一种

一种情感对抗另一种情感，这是我们使用得比较多的防御机制，意思是我们只关注一种情感，另一种情感我们就不管了。

我们家的传统是非常注重身体健康，注意吃什么、吃多少，以及跟吃相关的，比如过度迷信某一种食物对健康的影响，或者迷信某一种药物对健康的影响。

我妈妈学过一段时间医学，她认为维生素 C 对一个人的健康有非常大的影响，在我跟其他小朋友玩的时候，她经常会拿一瓶维生素 C，倒两粒在盖子上，在后面追着我，要我吃了再玩。我当时对这种情况非常愤怒，因为我觉得这会让我有屈辱感，别的孩子会认为我还是小孩，还过度依赖妈妈。

我那时候的感觉是，只有病人、身体虚弱的人才需要吃药。虽然我当时对这种状况非常反感，但是后来我也成了维生素 C 的崇拜者。在我熬了夜过度劳累，或者过度抽烟喝酒之后，吃维 C 会让我觉得抵消了我所做的所有伤害健康的事情，就好像那些事情不再对我的身体产生任何糟糕的影响一样。显然，这有一点用药物来防御的味道。

我的家人非常注重身体，但我们不太注意别的东西，比如让自己穿得好一点，或者让自己有更好的跟他人打交道的能力。

第 15 讲
防御机制——幽默、社会化与疏离等

与人打交道的能力，也许在整个环境中，都受到了极大的忽略。不少父母过分强调孩子的学习，或者孩子的安全，而忽略了孩子跟其他人打交道的能力。

有一个快 30 岁的男性朋友告诉我，他从小大多数时间都被他父母关在家里，做各种各样的练习题，不允许他跟其他孩子玩。他快 30 岁都不知道怎样跟别人打交道，都还没真正谈过一次恋爱，因为他从小就不知道，该如何跟女孩说话和打交道。这让他非常焦虑，甚至让他非常仇恨他的父母。

另外，我们对孝顺的强调，实际上也是一种情感对抗另一种情感的防御机制。我们在强调父母对孩子的爱，或者孩子对父母的爱的时候，却忽略了父母跟孩子之间也有人与人之间共同的东西，即通过恨来保持自己的个人边界。

当然，我们说孩子对父母有攻击，不是为了挑拨两者之间的关系，而是为了提高他们之间爱的品质。因为一种只能感觉到爱的关系，有可能是吞噬性的关系，这对父母和孩子双方都不利。

社会化与疏离：合谋打破独处的困难

社会化与疏离，是指一个人用自己的社会交往能力，使自己远离痛苦的想法。

很多夫妻都有一些冲突,冲突的原因可能是丈夫一天到晚不回家,在外面应酬。丈夫给的合理化的解释是:人在江湖身不由己。但是,我们真的要问一问,有几个男人整天不回家,他们的妻子没有意见的?那么,到底是谁需要这种"江湖"上的应酬呢?可能都需要。所以,他们就合谋制造了大群的妻子在家里待着,大群的丈夫在外吃喝这样壮观的、有一点分裂的场面。

很多人在家里独处或者跟亲人相处时,需要面对他们的内心冲突,而面对这种内心冲突是件不愉快的事情,所以他们往往通过人际交往来回避面对自己内心的真实。

在金庸的小说《天龙八部》里,萧峰是一个英雄了得的人物。金庸描述的萧峰的特点是,整天跟他的那些下属小兄弟们在一起喝酒吃肉,甚至对女人都没有兴趣。如果我们用精神分析来分析萧峰,就会发现他也是使用社会化与疏离的防御机制的人。当然,这并不妨碍他是一个英雄人物。

从被动到主动:你掌控着你的谎言

从被动到主动的防御机制,说起来让人非常伤心,可以为它落300滴眼泪。如果我们在一个父亲有暴力倾向的家庭住一段时间，我们会发现总是被打的孩子很可怜。住了更长时间之后，我们可能会对这个孩子有一种怨恨——你明明知道做了什么事情之后，你暴躁的父亲会打你，那你为什么不节制一点，不做可能诱导你父亲打你的事情呢？因为我们看到的是，这个孩子在反复地做这样的事情。

但是，我们如果能够深度共情这个孩子的处境，就会发现他诱导父亲打他，实际上是一种非常聪明的选择。因为，他不知道什么时候父亲又会打他，等着父亲来打是非常恐惧或者说最恐惧的状态；如果他做一件错事来诱导父亲打他的话，那么他的潜意识或意识就知道父亲会立即打他，并且打得有多重。也就是说，他把自己被动挨打的状态，变成了他主动操控父亲，显然这种恐惧感要小得多。

所以，受父母虐待的孩子往往会主动激惹父母，与其不知道什么时候被打，还不如自己先动手，知道什么时候开始，什么时候结束。

如果让这个孩子意识到，原来他是通过主动的方式来控制父亲打他，我相信他对自己的状况就会有更多的觉察。当然要最终解决这个问题，对付父亲这样有犯罪味道的见诸行动，还是需要其他成人的帮助，或者法律的武器。

躯体化：过度关注自己的身体健康

躯体化的防御机制，也就是一个人专注于自己的身体，以避免口欲、性、仇恨的冲动导致的冲突。

我们会发现，生活中的很多人特别注重一件事——养生。在魏晋时期，那些所谓的风流名士热衷的事情就是服药炼丹，但是很多人通过服药炼丹，让自己提前死了，根本就没有达到所谓的养生效果。在现实中，遇到太多不能解决的冲突的时候，开始服药、炼丹、养生，的确是一件非常美妙的事情，因为这不会制造任何人际间的冲突。

我们来看一看，专注自己的身体是怎样避免口欲、性和仇恨的冲动的。在我们说避免口欲的冲动时，实际上是避免对依赖的恐惧。在我们说避免对性的冲突时，实际上是避免所有与亲密、温暖、创造有关的东西。我们回避仇恨，是因为内心有太多针对他人的仇恨。

过多地使用躯体化的防御机制，会为那些以健康养生的名义骗钱的人制造肥沃的土壤。最近几十年，各种以养生或者健康为名的活动此起彼伏。我估计那些人骗取的资金可能以几百亿，甚至更多的数量来计算。

里默默地说一个字——走，然后电就会传到地底下去。"

他说："好，我知道怎么做了。"

我找了一张白纸给他，这时，他全身都在抖。

我跟他说："发功。"

然后，他真的在我完全没有察觉的情况下，做了我刚才教给他的动作，全身的颤抖立即就没有了。他非常高兴，觉得自己学了一门功夫。

我继续沉醉在自己自恋得到满足的快感中，让他们母子两个拿着收费单走了。

过了20分钟，我下楼去，护士跟我说："刚才那个妈妈真的是很有问题啊。"

我心里一惊，问："怎么了？"

护士说："那个妈妈拉着孩子的手下来，不相信她儿子的毛病被解决了。她在护士办公室拿了一张A4白纸塞给她儿子，对儿子说，你再摸一摸，真的就没电了吗？我不相信这么快就治好了，不可能。"

当时，我体会到了这个孩子触电的感觉，为什么？因为我把注意力全部放在怎样解决孩子的这个问题上，而忘了让他们填一个一般情况表。这个表包含妈妈的姓名、孩子的姓名，最

正常化：将不正常的现象视为正常的

正常化，也就是一个人不顾自己明显的精神症状，而确认自己是正常的。

比如，你明明已经在精神上或者状态上非常糟糕，但是在别人问你"感觉怎样，最近还好吗"的时候，你永远都说"还好啦，可以啦，没问题啦，跟别人一样啦"等等。这就是所谓的正常化的防御机制。

如果你长时间对自己的状况没有自知力，有可能需要做心理治疗，甚至是药物治疗。

冲动化：用冲动来缓解不良情感

冲动化，是指一个人用性、吃或仇恨等来缓解不愉快的情感。

这种防御机制很多人可能都用过，我自己也不例外。当我无法缓解内心的一些冲突时，我就会叫上几个哥们儿大吃猛喝一顿，然后不愉快的情感就会烟消云散。有些人可能通过冲动化的购物来缓解内心的紧张，我相信很多女性都使用过这样的防御机制。

假性独立：拒绝任何人的帮助

假性独立，也就是一个人变成了独行侠，不允许任何人帮助自己。

青春期的孩子常用这种防御机制。比如，十二三岁的女孩或男孩，他们会对别人的帮助非常敏感，认为别人对他们的帮助就是对其能力的贬低，是对其自我边界的突破，所以他们会采取非常严厉的方式拒绝他人的帮助。

病理性利他：非己所能地帮助他人

病理性利他，是过度地、非己所能地帮助他人。

精神分析师认为，如果一个人帮助别人，帮到自己都过得都比别人差，那么这种利他就是病理性的。精神分析对此的解释是：我把自己帮助的对象看成非常虚弱的人，实际上不是他本身虚弱，而是我把自己的受害者状态或虚弱状态投射到他身上，并帮助他。

其实，这是我们在否认自己口欲期的欲望，在我们帮助别人的时候，我们体验到的是"我被自己滋养了"。所以，这样的利他，不过是在拐弯抹角地照顾自己而已。

小结

- 幽默是对内心痛苦的回避。
- 禁欲是对愉快的否认以及回避正常人际交往。
- 对社交乐此不疲是免于面对自我的痛苦。
- 过度关注自己的身体是回避口欲、性和仇恨所导致的冲突。
- 冲动化是用性、吃或仇恨等来缓解不愉快的情感。
- 病理性利他，实际上是在转弯抹角地照顾自己。

第16讲

防御机制——投射性认同

> **曾氏语录：**
> - 有些成人，内心的婴儿还在贪婪地渴望着母亲的乳头，还在贪婪地渴望着对这个世界和他人的无所不能的掌控。
> - 有的人并不是跟你过不去，而是在用他特殊的或者说原始的方式跟你交流。

投射性认同三步曲

投射性认同是现代精神分析客体关系理论中的核心概念之一。当初梅兰妮·克莱因（Melanie Klein）只写了300多字来描述这种防御机制，但仅仅300多字，就产生了石破天惊的效果。

有人把投射性认同在心理学中的地位，比喻成哥白尼的日心说在天文学中的地位，或者是达尔文的进化论在生物学领域中的地位。由此可见，投射性认同的地位是多么崇高。克莱因提出这个概念后，很多人为延伸对这个概念的理解做出了杰出的贡献，其中贡献最大的人可能是威尔弗雷德·比昂（Wilfred Bion）。

那么，什么是投射性认同？

投射性认同与别的防御机制不一样，其他防御机制是发生在一个人的内心的自我保护机制。比如，投射与投射性认同就有所不同。

投射本质上是一种心理活动，并不需要任何外显反应。我认为你是一个懦夫，这跟你没关系，是因为我不愿意看到自己胆怯的部分，所以把它投射到你身上，我投射之后，你可能根本就不知道。

而投射性认同是一个人诱导他人以一种限定的方式行动或者做出反应的人际行为模式，几乎是唯一一种发生在两个人之间的防御机制。也就说，一个人用这种防御机制的话需要另一个人的配合。投射性认同分成三步曲，在此我们用 A 和 B 分别代表这两个人来进行说明。

第一步，投射。A 把分裂出的自己的一部分投射到 B 身上。

第二步，诱导限定。A 投射的内容诱导 B 以限定的方式做出反应。

第三步，做出反应。B 在诱导下真正做出反应。

比如，我跟某个人打交道，他投射性地认为，我有一个缺点，并不断地给我制造压力。在这样的投射的诱导下，我好像唯一能做的事情就是为自己辩护。在诱导的压力下，我不断地为自己辩护，说自己没有这个缺点，并见诸行动。

投射性认同四大类型

我们一般把投射性认同分成四大类型：依赖的投射性认同、权力的投射性认同、色情的投射性认同、牺牲的投射性认同。有时候我在想，投射性认同其实有无数类型，分成四大类型只不过是做了一个大概的分类而已。

元信息，英语为"meta-information"，意思是 A 身上所有的东西，包括语言、表情、姿态等所传达的信息。其诱导的反应，是指 B 的反应。我们这里所说的类型是以 A 和 B 之间的关系命名的。

依赖的投射性认同

依赖的投射性认同，即 A 传递给 B 的元信息是"没有你我活不下去"，B 的反应或者说被诱导出来的反应是"我要照顾他"。

比如，我们正在工作的时候，有一个半岁的婴儿突然出现在我们的场地里，我们所有人不需要等这个婴儿哭闹，可能会马上停止工作去照顾他。而有些成人身上也可能保留着一些婴儿的特征，你跟他打交道的时候，他会向你散发"没有你我活不下去"的信息，你只能去照顾他。

有一次，我在讲初级精神分析课程，一个坐在我左前方，来自千里之外某高校的专职心理辅导老师说："我现在在治疗一个20岁左右的女大学生。我总是担心她晚上自杀，所以白天我会跟她谈一个小时，晚上我会想着是不是需要打一个电话给她，问她今天晚上的情况好不好。即使我到了千里之外，在听课的时候我也还是想着这个女孩，觉得她如果没有我的帮助，可能活不下去。"

每当我停下来问大家有没有什么问题的时候，这个心理辅导老师都要问同一个问题："我如何才能帮助这个女孩？"她连续三次都问了这个问题。

我当时的感觉是，我不得不停下我的课，来处理她跟这个女大学生之间的关系。

三次回答她的问题之后，我感觉我需要对她做一个解释了。我说："那个女大学生在跟你的关系中传递了这样的信息——没有你的关心和治疗，我活不下去。这个信息甚至是这样的——我感觉你不是我的治疗师，而是我的妈妈，我需要你是一个 24 小时关心我的妈妈，这样我才能够活下去。所以你做出的反应就是每天都在想着这个女孩，而且在千里之外的精神分析课程的课堂上，还在不断地想着这个女孩。"

这个心理辅导老师把她面对这个女大学生时的焦虑，投射到了我的身上，在我和她的关系中也呈现了她跟这个女大学生之间的关系。也就是，她不断地散发元信息给我，"曾老师，如果你不给我出主意的话，我就活不下去"，使得我不得不把我的注意力，从讲课的内容转移到对她的治疗的督导上。

从这一点我们推导出一个识别投射性认同的绝招：在某一段关系中，如果你有一种被控制感，不得不做你不愿意做的事情，这可能很大程度上表明你处于投射性认同的状态。

依赖的投射性认同这种情况，多半发生在有依赖型人格障碍的病人身上。非常多见的一个临床状况是，一个人如果童年得了哮喘，他成年之后患依赖型人格障碍的可能性会非常大。

我曾经治疗过一个 30 多岁的女性，她是有依赖型人格障碍倾向的病人。他们单位要派她到美国工作，做美国办事处的主任，但是她拒绝了，拒绝的理由是美国没有曾医生。她已经 30 多岁，但她对心理治疗师的依赖，已经到了婴儿对母亲的依赖程度。

统计数字显示，我们国家有几百万儿童哮喘病人。每当气温下降的时候，很多孩子因为支气管哮喘，在儿童医院接受药物治疗。这些孩子当然需要药物治疗，同样重要的也要做心理治疗。在心理动力学的框架中，一个孩子如果频繁地哮喘发作，就不仅仅是生物学的问题，还是心理学的问题。

对这种状态的心理动力学假设是：妈妈对孩子的爱过多，给予的情感浓度过高，以至于导致孩子精神和身体双重的窒息。所以一个家庭里如果有儿童哮喘病人，建议整个家庭都去看一看心理医生，这对治疗孩子的哮喘有好处。

权力的投射性认同

权力的投射性认同，即 A 传递或者投射给 B 的元信息是"没有我你活不下去"。这是一种强大的暗示力量，即"你是不行的，没有我的帮助，你怎么可能活得下去"。然后诱导 B 必须表现自己的无能。

这样的情况我们见过不少。我们国家实行了 30 多年的独生子女政策，很多父母都在孩子的身上投射了"没有我你活不下去"这样的元信息，导致很多独生子女除了学习之外，可能很难有生活、交际和工作方面的能力。有很多读到博士学位的人向我抱怨说:"为什么博士之后没有更高的学位呢?如果有的话,我这一辈子都不会离开大学。"

我们曾经碰到过一些独生子女,他们整个的状况可以用"无能"两个字描述。他们不仅在生活、交际和工作上无能,在学习上也同样表现出一种无能的状态。

据统计,中小学学生中,差不多四分之一的人在学习上有困难。但这些人的学习困难,绝大部分不是因为智力问题,而是因为心理健康问题导致的。他们在跟父母的关系中,极大地压抑了自己在学习上力比多和攻击性的释放,导致了他们学习上的无能。我相信,在这一点上心理动力学取向的心理治疗师,有很多可以作为的地方。

权力的投射性认同,在企业里也非常管用。

有一些企业老板会问我,怎样调动员工的工作积极性。我会对他们说,你们只要想一想,你们是怎样跟员工进行投射性认同的就可以了。识别的办法是,看一看员工是不是处于无能的状态。换句话说,看一看老板是不是认为他的员工处于无能的状态。

如果一个公司的员工处于无能的状态,或者老板认为他的员工无能,那么就有可能是老板把他内心的无能感投射到了员工身上。老板用无数的元信息向员工投射,"如果没有我这个老板，你们就活不下去"。

实际上，很多公司的老板都有这种感觉：我为你们提供了工作机会，我为你们提供了每个月买柴米油盐的金钱，所以你们应该感谢我。实际上，情况可能会完全相反，是员工创造的多余的价值，让老板变得更加富裕的。

现在的企业家们很重视文化学习，也有一些企业家开始参加各种心理学的培训。在了解他们对心理学的需求时，与其说他们想通过心理学更多地了解自己、了解他人，或者了解人性，不如说他们在潜意识层面希望更多地了解操控他人的手段。我觉得这跟心理学本来的目标完全背道而驰。

有几个企业家对我说了他们对心理学的要求，我对他们说，你们现在内心有两个几乎冲突的愿望：

一个是你们想更好地管理你们的公司，调动公司所有员工的工作积极性，为公司创造更多的财富。另一个是你们好像不满足于仅仅作为他们行政或者经济上的领导者，还想通过学习，比如学习国学或心理学来成为他们的精神领袖。这是典型的想在企业里建立"政教合一"的统治愿望。

"政教合一"的意思是，你不仅是员工的行政领导，而且还是他们的精神领袖。于是，我们会看到这样的现象，某企业的员工每天早上必须做的事情之一就是背诵总裁语录。这样的行为让我有一种毛骨悚然的感觉，对于企业老板这样的贪婪有一种悲悯感。

可以说，这样的老板虽然是成年人，而且在经济上取得了很大的成功，在经商上获得了如此高的地位，但是他内心的那个婴儿还在贪婪地渴望着母亲的乳头，还在贪婪地渴望着对这个世界和他人的无所不能的掌控。

色情的投射性认同

色情的投射性认同，即 A 向 B 传递的元信息是"我能让你性满足"，B 接收到后的反应是兴奋。它是一种非常特殊的移情和反移情的状况。

显然，如果这种关系发生在治疗师和来访者之间，就可以把它理解成来访者的阻抗。因为来访者去看心理医生，不是为了探索自己的内心世界，而是为了向心理医生表达"我能够使你性兴奋"。

牺牲的投射性认同

牺牲的投射性认同，即 A 向 B 传递的元信息是"你欠我的"，诱导出来的 B 的反应是赞美和服从。

当然，B 被诱导出来的反应，有可能是他自己不愿意的。

在刚开始的这种关系中，B 也许会战胜自己的不愿意，而做出 A 所希望的反应。但是时间长了之后，B 可能会因为自由的需要，而从投射性认同的赞美和服从中跳出来。也就说，B 可能会变得攻击与反抗，这是 B 要打破他跟 A 之间的投射性认同循环的一种努力。

这种投射性认同可以发生在父母和孩子之间。

比如，父母经常对孩子说"为了你，我省吃俭用；为了你，我半夜睡不着觉……""你小时候我给你洗了很多尿布""我为你做出了很多牺牲，我自己的事业都没有得到很好的发展"，这些信息都是为了让孩子有这样的感觉：我欠爸爸妈妈的。

于是，孩子丧失了反抗父母的道德立场，不敢让自己的人生过度延伸。因为他的人生过度延伸，就可能意味着对父母的抛弃。他们会在自己的内心，或者在公开的场合，赞美父母对自己做出的伟大贡献，并且服从父母所有指挥。

当这些赞美和服从延伸了一段时间之后，孩子可能会反抗。也就是说，孩子内心升腾起"我不管欠你多少，我都否认"的念头，转而攻击父母。父母这时候的感觉是：我真的是养了一个白眼狼，我对他那么好，现在他却恩将仇报。

如果从精神分析的角度来看这些问题，我们就会发现，父母如果不用"你欠我的"这种牺牲的方式来控制孩子，就能够给孩子高品质的爱。

在健康的或者成熟的人与人之间的关系中,不应该用牺牲的方式来实施对他人的控制。具体地说,不能使用"你欠我的"这种方式来对他人实施控制。

我们经常会强调一个人对社会的牺牲。所以,有一部分人真的会用这种方式跟社会打交道。他们往往是牺牲自己的个人时间,或者个人目的,全心全意地为社会服务。他们潜意识的感觉是:我为社会做了如此之多的贡献,社会应该给我相应的甚至更多的回报。

的确,在某一段时间内,他们可能会得到社会的赞美,这会让他们有即时的满足感。但是如果他们内心或者是潜意识层面,想用牺牲让别人觉得自己是债主的感觉没有消失,那么等待他们的肯定是失望。因为他们对外界和社会的控制有一点婴儿般的味道。这会导致他们想象的需要和别人提供的回报之间的巨大反差,最后他们可能会从为社会牺牲个人的状态,变为不断抱怨,甚至用行为来攻击社会的反社会状态。

投射性认同的应对

诱导,是投射性认同的核心。

第16讲
防御机制——投射性认同

投射性认同容易发生在两个关系近的人之间。如果其中一个人的人格发展得不是太好，或者他的人格还停留在前俄狄浦斯期的话，他可能会以种种不易察觉却强有力的操纵，来诱导另一个人以他期望的方式做出相应的反应。如果对方做出相应的反应，他们两个人就捆绑在了一起，形成一种没有分化的、不成熟的亲密关系。

在街上，有一个醉鬼说："我打架最厉害，没有人打得过我。"一般的人会自动地想，他只是喝醉而已，我没有必要跟他较真。他投射过来的信息，实际上是这样的——你一定要跟我打一架。但是，正常人可以不在他的投射性认同中。

另一个醉得更厉害的醉鬼，他可能会被卷入这种关系中，他心里会想："啊，你说你是天下第一，那我岂不是不是第一啦，那我们打一架吧。"然后，正常的人就在街上看到了这样一幕：两个醉鬼纠缠到一起去了。

从上述案例可知，投射性认同是一种在两个人之间制造非常深的纠缠关系的防御机制，涉及人际关系中的控制和反控制。

一个足够健康和独立的个体，不会对周围环境有太多的控制，并用如此原始的方式来进行控制。

适度的防御：
　　建立有滋养作用的人际关系

　　从心理发育阶段来说，投射性认同属于前俄狄浦斯期问题，或者肛欲期问题。如果一个人频繁地使用投射性认同的防御机制，他可能会有人格障碍问题。

　　有人会问，如果有人向你投射什么东西，逼迫你卷入跟他的投射性认同的关系中，那你该怎么办？实际上说简单也很简单，如果一个人向你投射一些元信息，要你做出反应，你觉察到之后，很容易做出选择：你投射你的，但是我可以不认同你。

　　我们曾经讲过这样一种状况，有的人没有办法用语言跟你说他多么难受，只能让你体验同样的难受，来告诉你他如何难受。

　　假如你不懂精神分析，别人让你难受的时候，你本能的反应可能就是对他实施反击，"你让我难受三分，我让你难受五分作为报复"。如果你懂精神分析就会发现，有的人并不是跟你过不去，而是用他特殊的或者原始的方式跟你交流而已。当你站在这样的角度来看问题的时候，你就使自己处在了一种不跟别人投射性认同的状态中，用反控制的方式，摆脱了别人的控制。

　　在每个人的成长过程中，投射性认同都是肯定要发生的，但如果我们一直停留在这个阶段，可能就有问题了。只有当我们不去认同，把这部分还给对方，让他能够"把投射出去的东西收回来"，找到自己有能力和力量的部分，这才是让他成长的方式。

小结

- 投射是发生在一个人内心的防御机制，而投射性认同是唯一发生在两个人之间的防御机制，必须由另外一个人配合。
- 投射性认同一般发生在两个关系很近的人之间。如果其中一个人的人格发展得不是太好，他可能会以种种方式来诱导另外一个人，以他期望的方式做出相应的反应。如果对方做出反应，他们两个人就捆绑在一起了，形成一种没有分化的、不成熟的亲密关系。
- 投射性认同属于前俄狄浦斯期的问题或者肛欲期的问题，如果一个人频繁地使用投射性认同的防御机制，他可能会有人格障碍问题。

第 17 讲

治疗中的阻抗

曾氏语录：
- 一个人要求治疗的动机越强烈，在治疗师面前表现得越想被治好，表示他潜意识里不太愿意让自己好。
- 你不能太快地治好来访者，因为你太快地消除他的症状，他会仇恨你。

关于阻抗

阻抗就是对治疗的反抗。也就是，你想给我做治疗，我不让你给我做治疗，或者我不好好地配合，态度不诚实地让你给我做治疗。

举个例子，你如果手受伤了，找到一个医术非常高明，而且跟你非常亲近，你也非常信任的外科医生给你做治疗。他在给你消毒、打麻药、做清创处理的时候把你弄痛了，你自然而然会猛地把手缩回来，而且这个动作是不自觉的。这就是阻抗。

有人可能会问，来访者花那么多的钱，那么多的时间和精力，找治疗师做治疗，他怎么可能阻抗呢？这样提问的人，还停留在意识的水平。

精神分析是一门关于潜意识的学问。阻抗是潜意识层面的。也就是说，作为来访者，你能够觉察到的是，你非常希望自己的毛病被治好，但是你的潜意识却做出很多让你的毛病不被治好的事情。我们甚至可以这样理解，一个人要求治疗的动机越强烈，在治疗师面前表现得越想被治好，表示他潜意识里不太愿意让自己好。

不能迟到、早到，更不能准时

有这样一个故事，一个来访者去治疗师那里做治疗，他每次都迟到10分钟。然后治疗师说，你这是阻抗。

这非常好理解，来访者见治疗师的时间只有50分钟，每次迟到10分钟，这显然是减少来访者探索自己的时间，因此是阻抗。

如果来访者每次都提前1个小时到医院，而且每次都告诉治疗师，"我今天又在楼下等了你1个小时"，久而久之，治疗师也会说"你这是阻抗"。

这也好理解，因为来访者在不该跟治疗师有治疗关系的时候，进入跟他的关系，这表示来访者进入治疗师跟别的来访者的关系，或者说，甚至进入跟治疗师的私人关系的领域，这显然是在发展双重关系，也不利于治疗师对来访者进行清晰的分析。

最让人难以理解的是，如果来访者每次都非常准时地进入治疗室，治疗师也会觉得"你这是阻抗"，而且是阻抗中最严重的一种。比如，双方约的是早上 9 点，来访者每次都是 8 点 59 分 58 秒敲响治疗师的门，坐下来的时候刚好 9 点整。

为了帮助大家理解，以两个人在公园约会为例进行说明。

比如，两人约的是晚上 6 点见面，男孩每次都迟到半个小时，女孩肯定会生气，就会想，"你肯定是不爱我，所以你才每次都迟到"。女孩会认为这是对约会的阻抗。

如果男孩每次下午 4 点就已经到了他们约会的场所，而且女孩来了之后，男孩还跟她说，"我今天又在这儿等了你两个小时"，估计女孩也会很生气。因为女孩还没下班的时候可能就会想，有一个人在那里等着她，使得她上班的时候心神不定。

当然，估计女孩最生气的是，每次她可能都是晚几分钟或早几分钟到他们约会的地方，而男孩从来都是风雨无阻地 6 点整到达。

这个女孩对这个男孩的印象可能是：你不是在跟我约会，

因为约会是一个受情感支持的活动，你好像是给资本家打工，你不愿意占一点便宜，也不愿意吃一点亏，显然这是对见我的一种非常机械的行为。所以这个女孩会觉得，我们算了吧，你该干吗干吗，因为你对我不带任何情感色彩。

"其实我就是不想再讲初级课程了"

这是关于我自己的一个例子。我做过一套关于精神分析初级班的网络课程，是因为我厌烦了初级班的讲课。也就是说，我在不断地重复那些初级班的内容时，有非常不舒服的感觉，甚至有一种受虐的感觉，所以我想一劳永逸地解决这个问题。

听过我初级班课程的人都会发现，曾老师每天早上上课非常准时，9点整宣布开始，12点准时下课，下午2点半准时开始，5点半准时下课。实际上，在这些机械行为的背后，我能明确地感觉到，我对讲这些重复性课程的厌烦，其实我就是不想再讲初级课程了。换成专业的术语就是，我对讲初级精神分析课程已经有非常大的阻抗。

"你实在是太不想自己被治好了"

有一次，一个来访者通过各种社会关系找到我，请我尽最大的努力把他治好。他的要求有以下两条：

第一条，不付费。倒不是他付不起这个钱，而是他觉得，如果跟我聊得非常亲密还给我钱，实在是太俗气了。

第二条，随叫随到。他不能到医院去找我，而且每一次谈多长时间由他说了算，一直要谈到他觉得不需要再谈为止。

我叹了口气说："你实在是太不想自己被治好了。"他问我为什么这样说。

我说："我想怎么治疗你，是我的事情，但是现在看起来，你是在教我怎么治疗你，那和你自己折腾你的问题有什么区别呢？所以，你如果想被治好，最好的办法就是我们两个变成纯粹的治疗关系，也就是说公事公办的关系。我怎样对别的来访者，我也会怎样对你，这会极大地增加我治好你的可能性。"

五种主要阻抗

超我阻抗：不能让自己舒服地活着

超我的对等物相当于社会规则、道德准则、法律之类的东西。它实际上是用来控制一个人在社会生活中的言行的，即有些事情可以做，有些事情不可以做。如果不可以做的事情你做了，你就会惩罚自己，产生道德上的内疚感。

超我阻抗，意思是你一直都处在某种疾病所导致的苦难状态，如果一夜之间你的病被治好了，你没有那些痛苦了，你可能会觉得"我怎么可以如此舒服"。

我曾经写过一句话，模拟我对另一个人说话：我知道你从来没有无耻到会让自己舒服地活着。这实际上就是在说一个人的超我。

我们的父辈，他们是在物质和精神生活都非常匮乏的情况下，生活了几十年。现在条件好了，你想孝敬他们，给他们买很好的衣服，请他们吃很贵的饭，或者是享受别的需要花很多钱的娱乐活动，他们大多会拒绝。因为做这样的事情，他们会有道德上的内疚感。这也是典型的超我阻抗。

精神分析中有一句名言：你不能太快地治好来访者，因为你太快地消除他的症状，他会仇恨你。

有一次我说了这句话，有一个老心理学家哈哈一笑，说："你们就是想多赚来访者几次治疗费。"我听了后也哈哈一笑，对他说："老师，不是这样的，我们考虑了超我的阻抗。"

原因在于，治疗师如果太快地让来访者从痛苦中解脱出来，来访者的愉悦和舒服的感觉在象征层面相当于：他满足了被禁忌的性的欲望，就会产生内疚的感觉。而内疚就是自我攻击。这种内疚的感觉让来访者非常不舒服，他又会使用逆转的防御机制，把朝向自己的攻击转向攻击治疗师，让治疗师不舒服。

所以过快地把来访者治好，真的不是一件好事情，这就是所谓的超我阻抗。

本我阻抗：不能让自己轻易地改变

本我阻抗是什么？打个比方，一个人的力比多在某个河床上已经流淌了十几年，你如果想改变这个力比多河流的流向，非常不易。

力比多的满足基本上等同于本能的满足，一个人习惯了某种愉快或者过瘾的方式时，你想改变他的行为，实在是太难了。像抽烟、喝酒这样的行为，都不太可能轻易改变，更何况是涉及一个人整体人格基础的与愉快或者习惯有关的东西。

现在同性恋行为已经被排除在精神疾病诊断之外，简单来说就是，同性恋不再是问题，而是一种像左撇子一样很正常的状态。很久以前，很多人都试图改变一个人的性取向，他们发现这是一件非常困难的事情，因为一个人的本我阻抗实在是过于强烈。

原发性获益阻抗：压抑力比多和攻击性是好的

原发性获益，意思是一个人面临某种冲突的时候，如果立即采取某种防御机制，就会让内心获得宁静，所以误认为这种防御本身是好的。原发性获益阻抗，来自原发性获益。

比如，一个人突然产生了抢银行的冲动，在银行门口来回地转了几个小时，在想抢还是不抢，最后决定不抢，他的内心就平静了。这会让他误认为，压抑自己的攻击冲动是好的。当然，仅仅是从抢银行这件事来说，这种压抑是好的，因为这种压抑可以避免法律的惩罚。

但是，如果一个人的攻击性在社会允许的方面，比如赚更多的钱，拥有更大的房子，有更高的荣誉和成就等，这样的攻击性被压抑的话，就会导致现实功能的障碍。比如有的人觉得，自己如果不取得更多或更大的成功就不会有危险，这样的人会一直使自己处在比较低的社会地位的状态。

当然，还有与性有关的冲动。一个人有性的欲望，让他非常焦躁不安，他突然想到别人的一种说法：欲望是邪恶的。这样，他的性欲就被暂时压了下去。这会让他感觉到，这样的观点好像就是真理，让他立即获得好处。

那么，在面对与攻击、性有关的事情时，应该怎么做比较好呢？绝对不是压抑，而是应该让它们向外和象征化，即把它们在社会和道德许可的范围内进行释放。

继发性获益阻抗：生病可以获得好处

继发性获益，就是通过疾病获得好处。继发性获益阻抗，来自疾病带来的好处。我记得小时候因为不愿意早起去上课，便经常对妈妈说我肚子痛。当然，她非常清楚我并不是肚子痛，而是不想上学而已。但是她多半都会"纵容"我，帮我跟老师请假。这就是典型的继发性获益：我肚子疼，所以我可以不去上学。

一位家庭治疗师曾经治疗过一个10岁的神经症小男孩。治疗师对他们一家三口进行了家庭治疗，问这个小男孩："你能不能告诉我们，在你出问题之前和之后，爸爸妈妈对你的态度有什么不一样？"

小男孩想都没想说："我生病之前爸爸妈妈一天到晚吵架，自从我9岁生了病，爸爸妈妈最近一年多都没有吵架。"

然后治疗师非常"阴险"地说："那你的病不能好，因为好了之后，爸爸妈妈会继续吵架。"

治疗师的话并不是说给孩子听的，而是说给他的父母听的。他是要让孩子的父母知道，他们夫妻之间的安定团结，是需要孩子生病为代价的。孩子的父母一旦明白这个道理，就可能再也吵不起来了，因为他们会觉得孩子生病跟他们有关，而且如果孩子的病真的像治疗师说的那样不能痊愈的话，跟他们的夫妻关系也有很大的关系。

继发性获益也让我们在迅速治好来访者方面有所节制，印证了那句名言"不能太快地治好来访者"。

还有些人，用自己的疾病来调配人际关系。这在中老年人群中很常见，他们可能会让自己生各种各样的疾病，以此来调动周围的亲人或者朋友，这也是疾病的一种好处。

移情阻抗：理想化是为了攻击

移情，意思是来访者以他与父母打交道的模式，来跟治疗师打交道。这实际上是在避免他对抗父母，或者说避免自己的疾病好转。移情阻抗，就是由移情引起的对抗。

一个30多岁的、社会地位比较高的女性，因为有些情绪问题来找我。她哭着说："我是一个女人啊，为什么社会对我要求这么高，我有时候真的想找一个强大的男人的肩膀靠一靠。"

在我们的关系中，我觉得她对我有一些依赖。我估计，她可能觉得我就是她幻想的那个强大的男性。但是我反移情的感觉是，我也许配不上她对我的期待。

于是，我对她说："有没有可能在你心里发生了这样的变化，你把自己分成两个部分，一部分是强大的，另一部分是弱小的。你把强大的部分投射到了你想象的男人的肩膀上，或者投射到了作为你的心理治疗师的我的肩膀上，然后你自己就变得越来越弱小。如果你真的靠在这样一个男人的肩膀上，也许短时间内你会觉得自己有了依靠，但是时间长了之后，你慢慢就会觉得，这个男人的肩膀并不像你想象的那么有力量。"

男人的肩膀跟女人的相比，从肌肉这个角度来说，的确是要强一些。但是这跟内心的强大几乎没有太大的关系。从内心的角度来说，女人也可以跟男人一样强大。

在很多人的认知中，女人的内心不如男人的强大。很显然，这是一个误导。在生活中，大家肯定看到过，很多女人的内心比男人的还要强大。

其实，这里涉及理想化的移情。当一个人把另一个人看成理想中的父母，然后把对理想父母的智慧和强大的愿望，投射到这个人身上的时候，最后往往得到的是理想化破灭后的失望。因为没有任何人配得上他的理想化的投射。然后，他会进行攻击，"你怎么可以这样，你怎么能没有我想象的那么强大"。之后会面临另一个程度的，或者换角色的理想化过程。这就是所谓的理想化的移情。

对此，我们理解的顺序是：理想化—理想化失望—攻击。但是精神分析的理解是相反的，所以心理动力学的理解是：你本来就想攻击这个人，而你不好意思直接攻击，只好先把他想得完美无缺，即理想化，但是你的潜意识知道你的投射会让你失望，所以你把他理想化本身就是为了对这个人实施攻击。

作为治疗师，在这种状况下的反移情的反应是，被来访者置于一个"我本来不是这样，但是你要求我这样"的状况。遇到这种情况，治疗师及早地解释和干预非常重要。

比如，你觉察到来访者把你想象得过于完美的时候，你可以对他这样说："如果我表现得没有你期望的那么优秀，你会不会对我失望？"这样说的目的是，把来访者潜意识里隐藏的、准备好的对治疗师的攻击意识化。这样，来访者对治疗师实施的攻击就不再那么猛烈，也就不会导致治疗关系的破裂。

这些阻抗经常一起出现，没有哪一种阻抗只起到这五种阻抗中的一种作用，经常是一种阻抗的表现形式包含了五种阻抗。在面临严重的阻抗时，治疗师的治疗进程会很艰难，但这是每个治疗师都需要面对的。治疗师没有资格抱怨来访者的阻抗太严重，因为阻抗是来访者的问题本身，治疗师总是抱怨，只能说自己水平不行。

小结

- 超我阻抗 —— 害怕变得更好之后的惩罚。
- 本我阻抗 —— 力比多的惯性、黏滞性和惰性。
- 原发性获益阻抗 —— 采取某种防御机制之后所获得的短暂的内心平衡。
- 继发性获益阻抗 —— 所有的疾病都会带来明显好处。
- 移情阻抗 —— 过去在现在的重现。